初中诗词赏读美文系列

一曲新词酒一杯

凌翔 主编
王玲花 著

長江出版傳媒 | 长江少年儿童出版社

图书在版编目（CIP）数据

一曲新词酒一杯 / 王玲花著 .— 武汉 : 长江少年儿童出版社 , 2021.1

（初中诗词赏读美文系列 / 凌翔主编）

ISBN 978-7-5721-0955-3

Ⅰ . ①一… Ⅱ . ①王… Ⅲ . ①古典诗歌 — 中国 — 阅读教学 — 初中 — 课外读物 Ⅳ . ① G634.333

中国版本图书馆 CIP 数据核字 (2020) 第 157172 号

一曲新词酒一杯

YI QU XIN CI JIU YI BEI

出 品 人：何　龙
策　　划：姚　磊　胡同印
责任编辑：赵佳慧
排版设计：一壹图书
责任校对：莫大伟
督　　印：邱　刚

出版发行：长江少年儿童出版社
业务电话：（027）87679174　87679195
网　　址：http://www.cjcpg.com
电子邮件：cjcpg_cp@163.com
印　　刷：湖北新华印务有限公司
经　　销：新华书店湖北发行所

开　　本：16 开
印　　张：9 印张
版　　次：2021 年 1 月第 1 版　2021 年 1 月第 1 次印刷
书　　号：ISBN　978-7-5721-0955-3
定　　价：28.00 元

自序

诗词是什么？

诗词不是蔷薇，是蔷薇的香气；诗词不是青草，是青草上的露珠。

诗词是沉在岁月深处的往事，是流动在历史画册里的智慧。诗词是温婉小曲，也是铿锵战歌。诗词是山水田园，也是边塞苦寒。诗词是思妇的望眼欲穿，也是将士的断肠愁思。诗词是讴歌，也是鞭策；是批判，也是警醒……

诗词是史书，记载、展开、珍藏。它是翅膀，带你穿越；它是列车，载你游览；它还是挚友，可以和你杯盏倾谈，抱团取暖。

诗词美！它是少女，有着说不清道不明的朦胧；是少年，有着青春的律动与节拍；是中年，有着含而不露的深沉；也是老人，有着经历后的沧桑暮气。

精练、浓缩，用最短的文字表达最长的意思，是诗词。所有激情、所有理想、所有思念，或婉曲，或直白，或悲伤，或欢乐，都能借助它来抒发、表达和宣扬。诗词，是祖先留给我们的最好遗产，是上天馈赠给我们的最美礼物。自然、生活、阅历，给了文人以灵感，灵感给了诗词以生命。

意境是诗词的灵魂，它需要我们丰富而阔达的想象，才能走进。面对诗词，尽管我们总觉与它隔了一层纱、一团雾，也常常在似懂非懂中去记诵，去感受。可是，我们还是爱上了它——爱上它的音韵，爱上它的精练，爱上它的节奏，爱上它明而不透的含蓄和深沉。甚至，有时也说不清为什么，就是爱，一往而深地爱。

欣喜步入初中的你，得以与这么多的诗词相遇，在遇见里，醉一回；也欣喜你能遇见这本书，让这些灵动而秀美的文字，带着你一起走进诗词的意境，蹲居在时光的深处，看那些细节怎样生动展开。

如果，你读这些文字，会有眼前一亮的感觉，这是我之初衷。如果，你爱上这些文字，这是我之幸运。如果，它能帮到你，我会在诗词之外，莞尔一笑。

目录

上册

下册

八年级

上册

野望

◎［唐］王绩

东皋薄暮望，
徙倚欲何依。
树树皆秋色，
山山唯落晖。
牧人驱犊返，
猎马带禽归。
相顾无相识，
长歌怀采薇。

东皋村，像被丢弃在繁华之外的一团冷寂，被惨淡的夕阳一照，更显得萧索和凄凉。秋风，像这个季节吐出的一口冷气，朝着诗人吹来。站在秋风里的王绩，像一棵秋后割剩的庄稼，又孤独，又单薄。

一双脚，漫无目的地走来又走去，那片地，也不知被这双脚丈量了多少次。他就像一片不知去向的落叶，任凭风带着；也像抛锚的船，失去了航向。一双忧郁而空洞的眼，百无聊赖地望着远方。

山，重峦叠嶂，绵延起伏，像一条蜿蜒爬行的巨蟒，横亘在天地之间，也似一道屏风，把天地隔开。夕阳，像家乡阿婆烙好的一张饼，还不断地冒着热气。那些热气飘飘悠悠，缠绕在山间。在余晖的装扮下，山显得宁静、端庄而又安详。

山上郁郁葱葱，染满了秋色。红得似火的，一定是枫叶在热烈地燃烧。黄得像金的，那该是挂满富贵的银杏树了。那一片绿，又苍翠又幽深，一定是四季常青的松柏了。那些看不清的草啊、花啊，都在尽情地涂抹着秋天的色彩，渲染着秋意。

山作底色，秋为画笔，层林尽染，像天庭里垂下的大幅画卷。但从遥远的地方传到王绩的眼前时，那美丽的秋色秋容，也带上了几分萧条和凄清，以及渐渐走向枯萎的趋势。

暮色，在大山的背后蠢蠢欲动，夕阳，搭建起晚归的背景，劳作了一天的人们收拢了力气和汗水，在一缕缕炊烟的牵引下，披着夕阳的余晖，向着家的方向走去。

羊群，是散落在大地上的朵朵白云，在牧羊人高昂而悠扬的吆喝声里，像听话的孩子，瞬间聚集起来。羊咩咩的叫声，在晚霞里此起彼伏，牧羊人的鞭子高高扬起，却轻轻落下。他们向着炊烟升起的地方，漫不经心却又颇具仪式感地走着。

猎人收起了兵器，挑着今天的收获，兴冲冲、气昂昂地从远处策马而来。他从王绩身旁经过，后边跟着一缕夕阳，还有几片树叶，一直跟了很久。王绩看清了他的脸，那猎人的脸上带着胜利后的满足、美好的憧憬和掩不住的喜悦。

王绩抬眼看着他，他也看着王绩，四目相接，却没有

言语的交流，更无火花和惊喜点燃，就是两条毫不相干的平行线，看着要相交，却又彼此相互远离，向着各自的方向延伸。

这茫茫天地，连个认识的人也没有，想说一句话，都找不到倾诉的对象，孤独、寂寞像暮色一样，再一次向王绩袭来。

夕阳、山峦、树木、归人，还有那渐渐升起来的暮色，又静谧、又祥和，多像一幅山水田园画卷啊！充满烟火气息却又隔开尘嚣，粗粝而又淳朴。置身在闲适安逸、宁静和谐的自然之中，抬眼即望山，低眉就见草，沐清风、饮山泉，不是自己梦寐以求的归隐生活吗？

王绩再一次望向野外，夕阳不见了，莽莽苍苍中，只有一望无际的辽远和渐渐升起来的暮霭、夜色，除此以外，就剩寂静。茫然若失的心，像被掏空，只有清冽冽的痛。

孤独是一件爬满虱子的袍，穿在他身上，毛茸茸地痒。想要找一个可以交流，哪怕是把酒闲谈的人都找不到。太难了！王绩不由得一声长叹，继而对天长啸：“一腔隐情，超然物外。知我者，唯伯夷、叔齐也！可他们又在哪里呢？”

黄鹤楼

◎［唐］崔颢

昔人已乘黄鹤去，此地空余黄鹤楼。
黄鹤一去不复返，白云千载空悠悠。
晴川历历汉阳树，芳草萋萋鹦鹉洲。
日暮乡关何处是？烟波江上使人愁。

黄鹤楼，矗立在黄鹤矶上，围楼顶绕一圈的翘角，像许多鸟张开翅膀，随时要飞向蓝天，黄色的琉璃瓦在阳光照射下流光溢彩、熠熠生辉。长江在它脚下奔腾不息，在遥相呼应里，黄鹤楼显得又壮观、又神秘。

黄鹤，仙人，这一个美丽的传说，深深地引起了崔颢的好奇，仙人驾鹤腾空远去，是怎样的奇观和神迹？慕名而来的脚步，就那么急匆匆地如风而至。

收住步点，还未来得及卸下劳顿，一双好奇的眼睛，就像探照灯一般扫来扫去，却怎么也看不到想看的内容，那个长发飘飘的仙人呢？那只气质高雅的仙鹤呢？甚至连一丝气息都感受不到，眼前唯有这空荡荡的黄鹤楼，和一个虚幻的传说。

长颈的鹤，身披羽衣，载着超凡脱俗的仙人，飞走了。崔颢当然无缘目睹这一切，只有黄鹤楼、黄鹤矶以及这周围的树木花草，替历史记录下那些细节、神韵，以及仙气凛凛的场景。

天空，白云朵朵，在无边无际里，像一丛丛醒目的花，漫不经心地怒放着。除此以外，就是广阔无垠的碧空，那只仙鹤呢，甚至不曾留下一片羽毛。

远处，是长江与天相接的地方，走了一天的太阳，正穿过云层，挂在天空，像一个被镀上金色的圆盘，把光芒洒向江面，像洒下许多颜料，江面顿时有了色彩，泛着粼粼的彩色波纹，极具美感。

更远处，汉阳城像泊在长江岸边的一片暖阳，忽隐忽现地映入崔颢的眼帘。隔江望去，阳光照耀下的江面一片晴明，对岸的平原上树木青葱，历历可数，像一团团绿色的希望，在召唤着羁旅之人。炊烟，像一些思念，在上空绕来绕去，绵延不绝。

草木是大地的衣裳，用它们不断变化的颜色和长势，告诉人们季节的流转。此刻，它们长在鹦鹉洲上，葱茏茂盛，那么密，那么旺，像要把所有的绿统统拿出来，来装扮鹦鹉洲，也似乎要把所有的力气都用上，来点缀季节。

走了一天的太阳此时也累了，栖息在天边，一副无精打采的样子，仿佛一不留神就要滚落到江里。光线变得柔和慈祥，像家中老母亲的眼神。鸟儿扑扇着翅膀，带着倦意，三三两两地飞向远处的大树，那里有它们温暖的巢穴。

太阳终于禁不住江面阔大而舒适的诱惑，把半个身子沉了进去。

江面上，雾霭布下朦胧的背景，水汽氤氲，烟雾缭绕，迷蒙一片，加重了夜的色彩。远处，帆船收起了胀满的心事，在一阵悠扬的号子声中，载着一船疲惫，向着飘着炊烟的地方驶去……

太阳扑通一声，完全落进了江里，暮云合璧，夜色渐渐漫上来。

江雾融进夜色里，但有一部分偷偷跑进了诗人的眼里、心里，变成愁绪，绕着心，绕啊绕，一圈又一圈，直勒出道道血印。进入眼里的，渐渐变成了水汽，噙满了崔颢的眼。

鸟归巢，船靠岸，人们都要归家了，可他是一枚随风飘落他乡的落叶，风也不知家的方向了。家在哪里？在哪里呢？思乡的愁绪，像鼓胀的夜色，扑面而来。有什么办法呢？就写一首诗吧，然后，在诗词的平仄里，缓解一下这浓厚的乡愁吧！

使至塞上

◎［唐］王维

单车欲问边，属国过居延。
征蓬出汉塞，归雁入胡天。
大漠孤烟直，长河落日圆。
萧关逢候骑，都护在燕然。

南方已是花红柳绿、莺歌燕舞，但在茫茫西北大漠，冬才刚刚谢幕，春像一则谜语，正等着太阳来把谜底揭开。天空辽阔无边，冷意还未完全消失，像蓄着的一帘幽梦，也像一位步履蹒跚的老人，正慢慢走来。

大西北的春，仿佛经历过一场极大的磨难，姗姗来迟。

通往西北边塞的路，像这里的风一样，孤寂而苦寒，铿锵而又充满悬念。没有花红柳绿可赏，没有鸟啼水流可听，也没有浩荡的随从和车马相伴，只单车简从，在空旷无边、一览无余的寂寥背景下，王维一行人的身影更显单薄。

从京城出发，出汉塞，过居延，回望来时之路，已无踪，再看要去之地，还无影。奉命出使，慰问边疆，被排挤、遭冷遇，自己就如被遗弃在荒郊野外的孤魂，寂寞、抑郁、激愤，种种情绪如浪一样撞击着王维的心。

大漠的风有着中年男子的沧桑，历经世事后的苍劲。蓬草，像残冬遗留下的旧衣，被风吹得四处飘。春在哪里？

蓬草追着风的脚步，却怎么也没能涂上春的颜色。无根、干枯、得不到滋养的蓬草，又怎能焕发生机？

蓬草要去哪里，由不得自己，全由风带着。王维想到自己，离开繁华都城，前往苦寒寂寥的边塞，同样也由不得自己。自己不就是一棵随风而飘的蓬草吗？所不同的是，自己背负的是朝廷使命，而蓬草寻找的是春天。

几声鸣叫吸引了王维的目光，苍穹之上，北归的大雁时而"一"字、时而"人"字，整齐划一，飞翔成一种仪式。正午的阳光晃着人的眼，照着大雁的翅膀，发出温暖的光泽，这群大雁从遥远的南方飞来，循着春天的气息，向着北，一直向着北飞去。

自己不就像这大雁一样要进入胡地了吗？热闹繁华的京都，已湮没在渐行渐远的行程中，被时间甩得没了踪影。

落日如盘，装满了碎金，宁静而又蠢蠢欲动，像哪家淘气孩子的皮球，飘在天空，在苍茫而略带灰色的天空里，醒目、耀眼。清晨而出，从东到西，消耗了一天的时光，总有难以掩盖的暮气，在一点点地发散。

浩瀚大漠，无山遮拦，也没有更多的绿意点缀，比天空更加深沉和空旷。远远地望过去，视野开阔而无边，凄凉而又寡淡，孤独的狼烟，像冲天的号角，唱响铿锵之歌，也像突兀而起的忧愁，浓稠而又寂寥。

黄河水也浸染着沙漠的气息，浑厚而又悠长，像系在沙漠上的腰带，散发着中年男人浓重的味道。落日将沧桑的光芒斑驳地印在水面，黄河正以母亲般宽厚的胸怀，沉淀一天的风尘。

大漠，孤烟，长河，落日，平铺，直立，苍茫，绝美！大西北阔达辽远的胸怀，孕育了别具一格的风景，豪壮而又凄美。异域的雄浑之景，瞬时打破了王维心中原本千丝万缕的愁绪和苦痛。他的心一点点地被熏陶、净化、升华，慷慨悲壮之情充斥于胸，不由快马加鞭，向前奔去。

萧关，像一位戍守边疆的战士，满脸严肃地伫立着，用固若金汤的姿势，昭示着大唐神圣不可侵犯的威严。

王维迎面看到了一名骑兵，他正用一双警觉的眼睛，上下打量着王维，仿佛要从他的装束中洞察一切。当他得知王维是朝廷派来的使臣，急急下马迎接，并道："前方战事吃紧，主帅尚在前线，大人旅途劳顿，请早点休息吧！"

王维不由望向前线所在的方向，硝烟的味道，正从那里飘过来……

渡荆门送别

◎［唐］李白

渡远荆门外，来从楚国游。
山随平野尽，江入大荒流。
月下飞天镜，云生结海楼。
仍怜故乡水，万里送行舟。

旅行，是从船桨激水的声音开始的。

一艘船在桨的推动下，向着心的方向驶去。自青溪，经巴蜀，船不知行了多远，也不知行了多久，只知道，一路兴致勃勃。大江滔滔，崇山峻岭，奇树异花，一双眼睛怎么看得过来？小鸟啁啾，猿猴悲啼，猛浪击石，两只耳朵怎么听得过来？

刚刚还身处巫峡的陡峭奇险、隐天蔽日的裹挟之中，这会儿就已来到荆门一带，难怪是战国时楚国的地界，到底是不一样，一过荆门山，视野顿时开阔，眼前别有洞天！

山一改先前的嚣张气势，忽而弱了，到后来无声地隐去。原野，像一块绿色的地毯，坦荡如砥，一望无际，微风过处，此起彼伏，有着流动的美感。天空高远，仿佛是用气流撑起的大伞，蓝莹莹的，像用颜料涂过一般。太阳像一个镀金的脸盆，把光线泼洒得沸沸扬扬。几片云，漫不经心地游走着。

天高云淡，视野开阔，心也随之明朗。自然就是这样，总用地形的变化，给我们带来不一样的美感。

江水之前被山夹着，压抑久了的心，一旦被解禁，就会响起滔天的欢唱。此刻，它们挣脱瓶颈，争先恐后地奔泻而出，以更广阔的气势，流向辽远无际的原野。

小舟像一条鱼，随着江流，在时间的河流里畅游。

白天，天空是太阳和云彩的天下。阳光强烈，肆意泼洒；云彩兴起，形成多种图案。江水的上空，遥远的天边，阳光伙同云彩，用灵巧的画笔，精心描画。城镇的模样、楼的轮廓，甚至街道的细节都清晰地出现，变幻无穷，美丽得如同海市蜃楼，带着虚幻而又逼真的面容，点亮了李白的眼眸，惊艳了一颗充满好奇的心。

太阳终于累了，把开关一按，天就黑了，云彩也回去休息了。但自然不会让天空过于冷寂和荒凉，月亮和星星，相继续上。星星先是一颗，而后是几颗，半明半暗，宝石一样地缀满天空。月亮，是天空留下的最大灯盏，明亮

而皎洁、清冷而素雅，月光似水，倾泻而下，纱一样的轻薄，加重了它的神秘和朦胧。

江水收敛起喧嚣的脾性，停止了劲舞狂歌，瞬间变成了温婉静谧的女子，把无边无际的温柔缓缓铺展，铺展成丝绸一般的质感，现出镜子一样的光滑。明亮的月亮，隔着高高的天空，把玉盘一样的脸印在水中。一双眼不由得跟着它走，眼看着月亮跑到水中，那分明像是天上飞来的一面明镜，抑或是沉入水中的一块玉璧。

平静的江面上，月亮和星星一起举着灯盏，照着李白所在的小舟一路前行。时间的桨推着小舟，一直向前，把故乡远远地甩在了身后，故乡的山水早已淡出了视线，故乡的炊烟飘成了虚无，爹娘的叮咛定格在过去……思念的手，再一次拨动了李白的心弦，想弹奏出一曲断肠的乡曲。但李白并不孤单，也无须断肠。瞧！这一江的水，都是故乡水，千里万里地一直跟着小舟，送他一程，又一程。

钱塘湖春行

◎［唐］白居易

孤山寺北贾亭西，水面初平云脚低。
几处早莺争暖树，谁家新燕啄春泥。
乱花渐欲迷人眼，浅草才能没马蹄。
最爱湖东行不足，绿杨阴里白沙堤。

早春。西湖。

太阳像少女的脸庞，微微露着粉色，用含羞的表情，抒写着初春的情节。浮云低垂，有几丝溢下来，轻描淡写、漫不经心地勾勒着初春的心曲。

湖水解冻，水面堪堪才与堤岸齐平，丝丝缕缕残留的寒气，在做着最后的告别。风用温柔的纤指，拨动了西湖的琴弦，水面微微荡起的涟漪，可是它愉悦的微笑？抑或是它从心底唱出的欢歌？

几只黄莺啼叫，用清脆婉转的歌声来迎接春天的到来，它们飞翔、嬉戏、舞蹈，尽情地享受春天带给它们的温暖。湖边有几棵柳树，垂下了千条万条的绿丝绦，像挂满了一树的碧玉。向阳的那些枝条，被太阳涂上了光泽，像一些温暖的召唤，照亮了黄莺们的眼球，它们扇动着翅膀，扑棱棱地争着飞向那里。

不远处，有几只燕子，许是刚刚飞来，还没来得及卸下疲惫，就用嘴衔着泥草，进进出出，忙忙碌碌，一趟趟地飞往人家的屋檐。筑巢垒窝，安家定居，把希望种在春天里，期待安详和温暖的绽放。

质如绸缎的水面，绿似翡翠的树枝，还有那阳暖春满、莺歌燕舞，一双眼睛怎么看得过来？孤山寺北，贾公亭西，就这么多美景了，那整个西湖呢？

白居易心中春气荡漾，任由着马载着他随处游走。

放眼望去，到处绿草如茵，像铺了一张巨大的绿毯，也似铺了一层春色。草，嫩嫩的，浅浅的，透着生机，冒着活力，呼呼呼地向上生长。那长势如同正漫上来的春气，带着不可阻挡的力量，让初春的内涵逐渐丰盈而饱满。

花，红的、黄的、白的，散在草丛里，像星星，如眼睛，时隐时现，影影绰绰，阳光下，像宝石一般，透着诱人的光泽。虽还不到乱花飞溅、五彩斑斓之时，姹紫嫣红却已迈开青春的脚步，在急匆匆朝这儿赶了，到那时，西湖这面阔大的镜子里，一定会映照出浓妆艳抹的美人儿。

无论是西湖，还是四周的草地，哪一处不是楚楚动人？春就是位含情脉脉的女子，所过之地，那逼人的青春气息，会一股一股，扑上来。

还是到湖东走走吧！那里，是白居易最爱和最惦记的地方，仿佛那里有他前世今生的一段恋情。清风吹来，捎来它的消息——那可是对他热烈的呼唤？

牵着风的手，循着春的气息，就那样骑着马走进。

平坦修长的白沙堤，像一位男子，伸长手臂，欲把西湖揽在怀里，那安详的守候里，有着迫人的气息和力量。杨柳依依，在微风里，它们把摇曳的舞姿倩影，斑斑驳驳地洒在白沙堤上，像洒下一些光阴，堤上，顿时有了春天的意境。

堤上有不少也骑着马四处游走的红男绿女，闲适舒缓的马蹄声，传达着他们游春的愉悦心情。弯腰驼背的老人，以虔诚的姿态赏春；蹦蹦跳跳的小孩，欢快如一只只蝴蝶，舞出春的节拍。

湖水微微荡漾着，像唱着春天的歌谣，来和游人应和，这一呼一应里，有蜜语，有默契，也有爱恋。

白居易在白沙堤上走来，又走去，还嫌不够，两岸，遍布着他留恋的步伐。

庭中有树

◎［汉］无名氏

庭中有奇树，绿叶发华滋。攀条折其荣，将以遗所思。

馨香盈怀袖，路远莫致之。此物何足贵？但感别经时。

太阳把盎然的春意，泼洒得满院都是。春风的手，轻轻拂过院子的每个角落，枯败之色早被匆匆收起，春色，在院子里生动展开。

那棵树，不知什么时候已华枝春满，把斑斓的心事，泼洒得沸沸扬扬。满树的叶片，青翠鲜亮，像从枯萎冷寂的冬天开出的饱满的希望。枝条上的花朵，竞相怒放，密密麻麻，像花儿说给春天的情话，泛着暧昧喜悦的光泽。

阳光如雨，照在了一朵花上，花瓣鲜艳，水色饱满，像斟满了一杯金色的酒酿，漾着醉人的光泽。那火柴头一般的花蕊，像簇簇燃烧的火焰，跳着，舞着，闪烁着，在诱惑着你。

鲜花映着少妇的脸，粉粉的，很美。春意沿着一缕阳光的路径，进入少妇的眼，潜入少妇的心，浓郁的孤寂瞬间被掩盖，那些漫长的等待、暗夜里可怕的寂静、撕心裂肺的思念，都被一棵花树收容。

但思念像扎根很深的藤，又从时光的深处，偷偷地攀爬出来。

温馨的画面，在头脑里回放了多少遍，她已记不清了，只记得，他走的那个春天，他们共同把这树种于院中。他说，等到来年春暖花开之际，他就会站在树下，和她倾听花开的声音。他还说，要亲手摘花，插于她的发髻。

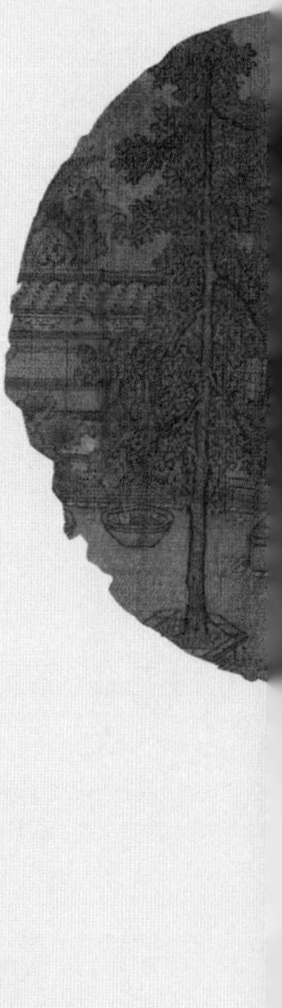

许诺，美得像一幅画，总带给人花一般的希望。憧憬，亮得像一汪水，总带给人清澈的美感。

春来了又去，去了又来，花开了又谢，谢了又开。如今，不知是第几个枝叶扶疏、繁花满树的时刻了。可，他却像飞走的鸟儿，迷失了回家的路途；又像门前的流水，一去不再复返。一棵树，替她记着他的许诺，一朵花，记下她巴巴的守望。

开得最艳丽、最密集的那枝，像明亮的诱惑吸引了少妇的眼球。她踮起脚，仰起脖子，伸长胳膊，把它折下。那灿烂的花朵，就是她密密麻麻的思念；那一缕一缕的花香，就是她淡淡的哀怨；那弯弯的枝条，就是她默念了千万遍的疑问。

山迢迢，路遥遥，两人隔了千山万水，隔了长长的思念。

是鸟能把花枝替她送到，还是风能把心事帮她传达？美好的念想，只能变作心灰意冷的现实，温暖的心意，瞬间变作冰块，冻结了热烈的声声催归。

即使能送到他手里，又能怎样？时光如烟，花开易败，青春难留，何况是没了爱情滋润的寂寥少妇？罢罢罢，看着凋零的枯枝败花，像看着红颜早逝的自己，她只能惆怅，只能叹息。

蜜蜂嗡嗡叫，蝴蝶翩翩飞，只因那饱满的香气、浓郁的香气、香得不像话的香气。她把自己放在香气里，就像花把自己放在春天里。头发，水袖，呼吸，就连皮肤的纹理里也都是香的。可现实是一盆冷水，孤寂是一把刀，思念是一只小兽，任香气再浓再厚，都使她清醒着。春光再好，花再艳，那都是春天的。自己的春天又在哪里？她抱着满怀的花香、满怀的思念、满怀的寂寞，向着远方眺望，声声催促，像散不去的花香，从心底升起："夫君，你何时归？何时归呢？"

龟虽寿

◎［汉］曹操

神龟虽寿，犹有竟时；腾蛇乘雾，终为土灰。
老骥伏枥，志在千里；烈士暮年，壮心不已。
盈缩之期，不但在天；养怡之福，可得永年。
幸甚至哉，歌以咏志。

再娇艳的花，也不能常开不败；再风光的舞台，也有谢幕之时。

天空刚刚还是光芒万丈，只一瞬间，黄昏就悄然而至，过不多久，哗啦一声，黑夜就会展开它阔大无边的幕布，把所有的光亮都一股脑儿收走。

树木夏天还茂密如盖，生气十足，昂扬着生命的欢歌，只一场秋风，树叶就枯败，纷纷离开枝条，飘扬成一场场离情别绪。

百花之中生命最短不过昙花，夜晚八九点开，零点左右败。舞蹈着来，惊鸿一瞥后又惨烈地逝去，生命短暂如流星、似烟花。

生老病死，谁又能绕得过去？神龟，拖着重重的壳，行动缓慢，耐寒抗冷，是大家公认的寿星，但它也有寿终命尽之时，最长寿的也不过几百年而已。传说中它能活几千年，大略也是有点夸张的成分。

你看腾蛇，驾着云、乘着雾，凛凛然，多威风！天高任它飞，万里由它舞，云见了云躲，风见了风绕，它怕过谁？可在死亡面前，它一样无精打采，一样无能为力，一样留下一声叹息，然后，化作土灰，变作烟尘，被时间的车轮碾碎。

神龟腾蛇尚且如此，何况是食人间烟火、吃五谷杂粮的凡人呢？

唉，老了！

站在马厩旁的曹操，不由得感慨万千。再看看马厩里的马，面容苍老，毛发干枯，满身暮气，静卧在那里，眼睛虽塌陷，但浑浊深邃里却射出坚毅的光，那光用深情铺就，一直向着远处延伸。

千里之外，那是它魂牵梦绕的地方。纵横驰骋的身影、挥汗如雨的酣畅，每一步，都是一次生命的跨越，那马鬃的起落里，满是青春的张扬。那时多年轻！浑身都是劲，食进斗粮，日行千里，都不觉累，都不喊苦。

而自己呢？脸上已千沟万壑，布满时间的尘，头发上也有霜色飘起，浑身上下都遍布着浓重的暮气。脊背再不能如以前那样挺直如松，双腿再不能像年轻时那样健步如飞，手里也再没挥舞战戟的力量，甚至目光也变得浑浊呆滞了。衰老带着不可抗拒的力量，就那么遍布身体各处。

那个横跨战马、英气勃发、目光炯炯的战将呢？那个威震四海、气吞山河、决心一统天下的大帅呢？哪里去了？时间真是一把刀，刀刀下去，砍掉的都是鲜活的曾经啊！时间的风也真是无情，一眨眼的工夫就把青春带走了。

还好！壮志还在！它如血液一般沸腾，它似激情一样澎湃，军号一样地时时在胸中嘹亮。

生命如列车，终有到站的那一刻。生命似河流，终有流尽的那一时。没有什么树能够永远长青，没有什么花能够常开不败，也没有什么人能够长生不老。生命的终止是必然，哪一天凋零，哪一时干枯，谁也不知，谁也不晓，谁也无法推迟半秒。

兵器常保养、勤擦拭，就会延长使用寿命。树木常修剪、勤施肥，就能更茁壮葱茏。那么人呢？如果在有生之年，懂得爱护自己的身体，知道保养，重视日常的锻炼和饮食，不因年暮而消沉，让自己的心胸保持豁达，笑口常开，就一定会延年益寿。

想到这里，曹操又觉得自己还是幸运的，人生到此并不是无所作为，而且他有信心继续干出一番事业，于是忍不住放声高歌：“老骥伏枥，志在千里；烈士暮年，壮心不已。”

赠从弟（其二）

◎［汉］刘桢

亭亭山上松，瑟瑟谷中风。
风声一何盛，松枝一何劲！
冰霜正惨凄，终岁常端正。
岂不罹凝寒？松柏有本性。

山体用厚实和高耸，为松树搭建起生长的背景。山谷的陷阱，没能让松树坠落，反而铸就了它钢铁一样的意志。松树在悬崖峭壁、在山的脊梁上，粗犷地呼吸，顽强地生长。

风，是山的呼吸，带着山民敦厚而粗犷的性格，哼哧哼哧地发着原始的声响，不加修饰，每一声仿佛都是从骨骼里发出。风有力地甩响鞭子，发出如雷般的呼啸，所过之处，瑟瑟一片，树叶翻飞，枝条乱摆，山疼痛的声音，在山谷里响起。

唯有松树，枝干不曲不弯，挺拔耸立，刚劲傲岸，像守山的哨兵，如顶天的巨人，用坚挺和信念，站成山的脊梁，铸成山的魂魄。松叶苍翠茂密，无论春夏秋冬，不管严寒酷暑，四季常青，总以一副波澜不惊的姿态，一成不变地释放着绿意，荡漾着饱满的激情，唱着生命的歌谣。

冬天的风像青面獠牙的兽，也似血盆大口的虎，向着松树步步紧逼，然后，朝着松树，射出锋利的箭，举起寒森森的刀。松树并不害怕，把枝条练得坚挺，把叶子磨得锋利，对狂风做着毫不示弱的回应和抗争，一个回合，又一个回合。

一棵一棵的松树，从山脚到山顶，密密地铺排着，虽没有整齐的队列，却有着训练有素的站姿。所有的树干笔直如线，如柱挺拔，所有的枝条，都向外向上有序地伸展，针形的叶子，密密排列，云彩一般地堆积、蔓延。

狂风咆哮而来，松林似海，波浪翻滚，此起彼伏，发出热烈澎湃之声。松涛阵阵，林海声声，那可是天寒地冻里昂扬的战歌，抑或是面对季节的镰刀发出的不屈吼叫？那排山倒海里，有着倔强的个性、不屈的灵魂，以及坚定的信念。

都说冬是萧条和衰败，都说冬是凛冽和寡淡，可是，一座山有了松树，就有了绿意，就有了生机，就有了暗流涌动的春天。那些被冻结了的思绪，也会纷纷生出希望和憧憬。

雪花飘在江南是诗意，如果落在北方的山上，就是凛凛然的寒冰，它们落于松上，瞬间失去了飘洒轻盈的身影，凝结成顽固不化的冰，重重地、冷冷地压下来，压弯了枝条，

冻结了叶子。但沧桑的树干，依然笔直地站立，不惧，也不屈。大雪压青松，青松挺且直。是怎样练就了似钢的硬骨头？是什么促使它立起了如山的魂魄？

漫天的冰霜凄凄惨惨，刺骨的冷风横冲直撞，厚重的寒气铺天盖地。在季节面前，树木交出叶，拿出葱郁的绿，弯腰低眉来投降。花殷勤地献上美丽的朵，水汪汪的色，霍霍燃烧的蕊，最后，连自己都献上。就连飞翔的鸟儿，也大多循着一缕阳光的路径，逃也似的向南方飞去。

但松树不拒绝春色，也从不害怕严冬，越冷，意志越坚强，信念越坚定，身姿越挺拔。难道松树没有遭遇凝重的寒意？不，是松树天生有着耐寒的本性、坚强的骨骼、不屈的灵魂。冬天对于松树来说，就是锤炼意志的熔炉，坚持下去，就能迎来一个温暖的春天。保持挺拔的身姿、葱茏的绿意、端正的仪容，恪守严格的家教，就是维护传承的家风。所以，面对寒冬它从不叫冷，也从不喊疼。面对重重寒，硬硬冷，松树不怕，那么人呢？从弟，你呢？

梁甫行

◎［三国］曹植

八方各异气，千里殊风雨。
剧哉边海民，寄身于草野。
妻子象禽兽，行止依林阻。
柴门何萧条，狐兔翔我宇。

恶劣的天气，随时都会来到海边。

你瞧！海的脾气极端不好，教养总归是差了点儿，平静时，虎着个脸，像谁欠了它银两，如果发起怒来，淫威震天，咆哮惊地，海浪像从胸腔里烧起来的怒火，直冲云霄，祸及千里。龙卷风这时也跑来助纣为虐，漫天漫地，气吞山河，威风凛凛，卷起沙，横行霸道，作恶多端，仿佛要把所有的生灵，都一股脑儿地卷走才好。

雨水是天的眼泪，也是海的抒情。雨落入大海，海接受着雨的沐浴，海上烟雨蒙蒙，雾气腾腾。海浪滚滚，是海在变换姿势，接受雨的洗礼。雨落在沙滩上，啪啪啪，溅起无数的箭头。这样的时候，人哪里还敢出海？

即使是海不发怒，也不会像西湖那般温情，太阳火球一般地悬着，沙滩滚烫，人的脚不敢靠近。浓重的咸湿，像拂不去的阴云，时时要把人湮没。人浸在湿气和火光里，又潮又热，说不出来的难受，要多难受就有多难受。

海，就是海民生活的背景，它似一张风云变化的图，人若生存，就得适应它的坏脾性，在它的坏脾气来临之前，做好充分的准备。但这太难了。

沙滩的远处，茫茫荒野，在凄凉而潦草地展开。林木无序，杂草遍地，荆棘像一些缠绕在一起乱如麻的日月，胡乱地生长着。衣冠不整，眉目不清，须发蓬乱，大地在这里邋里邋遢，不堪入目。凄凉的鸟叫、唬人的兽吼，从遥远的丛林乱草中传来，声声凄凉，恐怖，瘆人。

几间茅草屋，凄凉地立在树林杂草丛中，像荒野里营养不良的蘑菇，面黄肌瘦，在强大的海风里摇摇欲坠。低矮简陋的柴扉，孤苦伶仃地围着院子，却关不住院子里寒酸的日常烟火，炊烟从屋顶上升起，潦草地走着，飘着寒酸的气息。

不知从什么地方窜出来一只狐狸，大摇大摆地走到屋檐下，用两只滴溜溜的眼睛，对着屋里看了又看，然后，失望地走了。接着是一只肥硕的野兔，白色的毛发，通红的眼睛，敏捷的身手，在屋檐下、院子里奔来跳去。

小孩和女人在腰间围着树叶野草织成的衣裙，半遮半掩地挡羞，头发像蓬草一样，缠绕、纠结，胡乱地摊在头上，有几缕遮住了额头。他们黝黑的皮肤,布满了太阳毒辣的吻痕,像刷了一层油,发着野性而粗糙的光泽。女主人一双眼睛空洞无光,呆滞地看着院子里活蹦乱跳的兔子,嘴里叽里呱啦地骂着,一面捡起土块,向着兔子掷了过去。

粗粝生活的底子上,一些细节在曹植的眼前徐徐展开,贫苦、危险而又凄凉,狂风暴雨、海啸龙卷风般地撞击着曹植的心,海边劳作,虎口夺食,与外界隔着千山万水的生活,又闭塞又艰难,又荒凉又凄惨。同情的藤在他的心中腾腾地长,沿着心,爬上眼,而后,腾起了一层雾。一样的天,一样的地,一样的星和月,却有不一样的风,不一样的雨,不一样的环境,不一样的生活。

饮酒（其五）

◎［东晋］陶渊明

结庐在人境，而无车马喧。
问君何能尔？心远地自偏。
采菊东篱下，悠然见南山。
山气日夕佳，飞鸟相与还。
此中有真意，欲辨已忘言。

天空敛起锐气，夕阳懒洋洋地泊在天边，用温柔的光线搭建山水田园生活的背景，在夕阳爱的表达里，万物祥和又静谧。

山像立在南面的屏障，把平原分割，又以连绵的形式，向着左延，向着右伸，远远望去，像巨蟒蜿蜒，像大象奔跑，也似天的蕾丝花边，为天地做了明确而又朦胧的界限。

篱笆，隔而未隔、界而未界，成为庭院与外面的隔断。庭院里，是菊花的海洋，黄的、白的、紫的、红的……像一块五彩斑斓的拼接地毯，姹紫嫣红地铺展，院子里顿时蓬荜生辉，那些往深里走着的秋意，经它们一照，也仿佛浓了一些。

谁说秋天凄凉寂寥？院子里比天空更加隆重和繁复，百花凋落，菊花续上，大自然总是不会冷落任何一个季节。这样的时候，要采一些菊花，饮茶、泡酒。这满园的菊花，在以怒放的姿势，向陶渊明发出热烈的召唤。

挎上篮子，带上喜悦，去到菊花丛中，弓着身子，一株一株过目，一朵一朵去采，在花海里，什么都看不见了，只看见眼前的花，什么都记不起来了，只记得自己是采花人。菊花朵朵，映衬着一颗闲适恬淡的心，香气袅袅，在漫不经心地勾勒秋意绵绵的意境。

陶渊明沉醉在万朵菊花的深情里，埋着的头，就那么一直停驻在菊花里。不经意间抬起，眼前别有洞天——南山巍峨又连绵，像从九天垂挂的大幅壁画，似火燃烧的是枫叶，像金闪耀的是银杏，那又幽深又苍绿的是什么树，或者什么草呢？这都不重要，重要的是它们就那样从天空一直垂落，落到山脚，浪一样翻滚，水一样蔓延。

五彩斑斓秋意浓！一向热爱山水田园的陶渊明，自然就是他生活的底色，美景就是他生活的背景，看一朵花开，听两只鸟叫，沐山风，饮清露，把自己活成山里的一棵树、一株草，这就是他生活的乐趣。

这样壮观而又浓厚的秋意，诗人当然不容错过，捶一捶疲惫的腰，揉一揉昏花的眼，站在一片花海里，让眼睛继续接受这错落而又隆重的美意吧！

走了一天的夕阳，渐渐有了倦意，但橘红色的脸庞，

依然呈现着迷人的娇羞，慵懒而又妩媚，就像步入秋的女子，更有内涵和分量，带着令人难以琢磨的魅力，把半边天染红。就连山上也有一片被它感染，呈现出少有的喜气。

山气氤氲，雾霭朦胧，丝丝缕缕，漫不经心地在空中游走着。有一些正从山谷里升起，有一些正与山上的植物缠绵，有一些向着远处飘去。它们和夕阳一起在搭建朦胧的意境，在等待一天的落下。

远处，有几只鸟儿，抖落一天的劳累，扇动着翅膀，在空中飞成剪影。那明晰的路径，一定指向某棵树上的某个巢穴。那相伴相携的亲热里，一定有着血脉的贯穿。

面对这祥和，静谧，美意，还能说什么呢？什么也不说了，一句话都显得多余。

官场似一潭深水，浑浊有铜臭，早厌恶了，世俗又是最容易染上的坏毛病，唯一的办法就是远离、躲避。心远离了，就真正远离了。一颗远离了世俗的心，又干净又通透，四周再喧嚣，心也是静的，哪怕是住在繁华的闹市！

春望

◎[唐]杜甫

国破山河在，城春草木深。
感时花溅泪，恨别鸟惊心。
烽火连三月，家书抵万金。
白头搔更短，浑欲不胜簪。

莺歌燕舞，华枝春满，丽日明媚，游人如织，春天的长安城，热闹繁华，像烟火气浓重的画卷，那些祥和的美感，在长安街的角角落落散发着暖人的光泽。

可，那是记忆中的故都。

而今，长安还是长安，但又不是过去的长安了。它破败不堪、满目萧条、一片狼藉，断壁残垣里还留有战火的气息，留有长安人深深的叹息和掩不住的忧伤，荒芜破败的街道透着凉意，像刚经历过一场浩劫，气息奄奄。

人烟稀稀，草木深深。这草木虽茂盛，却杂乱无章，像理不出头绪的生活，也像这眼下沦陷的长安城一样，衣冠不整，蓬头垢面，气若游丝。

那个有着牡丹花般雍容华贵的故园呢？那个市容整齐、井然有序、百姓和乐、欣欣向荣的长安城呢？那个霸气十足、鼎盛太平的大唐呢？“唉——”一声长叹，从诗人稀疏的胡须间跌落，重重地砸在历史的画卷上。

突然，一片艳红映入诗人的眼帘，那是绽放的牡丹，花瓣厚重而饱满，弥漫着一身的贵气，但那红此时看在眼里如血一般，在墙角蔓延。杜甫觉得触目惊心，心里一阵绞痛，接着两行泪在沧桑的脸上流成河，浑浊而咸湿。

几声鸟鸣，从那棵老柳树的枝叶间传来，像春天的小调，清脆婉转，哼唱着春意的盎然。它们经过杜甫愁苦焦黄的脸和稀疏零落的发，抵达耳畔时，却变成了声声悲鸣、句句哀怨，一颗被惆怅挖空的心，在打着寒战。

战火像拂不去的忧愁，整整缭绕了长安城一个春天，还在延续。玄宗仓皇而逃，肃宗继位，大唐正在危急存亡之时，此时形势不利，西京还未收复，民不聊生，生灵涂炭。这场战争不知还要打多久？这日子不知什么时候才能到头？

杜甫越想越悲，忧愁像阴云一样在脸上铺陈。国破家散，自己像雨中浮萍、风中蓬草一样，流落被俘；像失去自由的笼中鸟、圈中羊，被扣留在叛军的军营。战争，是祸端，也是一堵墙，把亲人的音讯、外面的一切都屏蔽。

想到妻儿，想到家，杜甫连日来愁苦的脸上有了一丝光泽，但瞬间就消失了。妻儿是否无恙？门前的溪流是否还发着潺潺的声音？……惦记、牵挂、思念，像长袍上的腰带，时时系在腰间，可隔山隔水，隔着硝烟，如何能知道他们的确切消息呢？

谁能帮我捎来他们的音讯？谁又能把我的思念传达？是空中的大雁，还是游走的风儿？如果此刻，能收到一封家书，那该是比春天更美好的事了，我愿意以万金来作为酬谢，即使没有金子，也要说尽感谢的话，捧出一颗赤诚的心。可，苍天啊！谁能帮我这个忙呢？谁又帮得了呢？

绝望，饱经战乱的愁苦，又向他袭来，他脸上的皱纹更深了，头发也更白了。

太阳爬过烽烟的肩头，渐渐升起来了。

杜甫翻来覆去地睡不着，索性起身，穿衣，洗脸，梳头。

一梳，梳齿仿佛宽了，几乎像划过空气那样轻松，不由伸手摸了摸，头发变少了，稀稀疏疏、零零落落，像荒原上几根当风抖着的草。在愁绪悲苦的浸透下，这头发也越来越少、越来越短，倒是两鬓的霜色越来越重、越来越浓。

杜甫拿起簪子，朝着绾起的发髻插下去，可一连试了几次都没能插上。“唉——”，一声悲叹，伴着烽烟，在晨曦里升起。

雁门太守行

◎［唐］李贺

黑云压城城欲摧，甲光向日金鳞开。
角声满天秋色里，塞上燕脂凝夜紫。
半卷红旗临易水，霜重鼓寒声不起。
报君黄金台上意，提携玉龙为君死。

云是天空的心情。此刻，天空心情很坏，铁青着脸，脾气暴躁，如熊熊大火燃烧、蔓延。黑色的云，又厚重又浩荡，如浪般汹涌翻滚，似石一样沉沉压下来。

城外，敌军浩浩荡荡，如黑云压城，似猛浪向着城墙逼近；像一群饿狼，张着贪婪的大口，随时准备吞噬猎物；也似一群猛虎，目露凶光，对着城门虎视眈眈。

被乌云淹没的太阳，终是不甘心，使劲地冲破云层，把一缕微弱的光线，倔强地射下来。阳光照在了守城将士的铠甲上，像鳞片一样的铠甲金光闪闪，映照着一颗颗不甘认输的心。严整的阵势早已铺开，一起铺开的还有昂扬而饱满的士气。

一场短兵相接的战争，像鞭炮一样，就要噼里啪啦爆响。

深秋为这场战斗布设了悲壮的背景，落叶纷纷，像悲壮的宣誓，营造出肃杀的气氛。天空中遍布着阴云，一切都屏声敛气，静待一场战斗的打响。

一声嘹亮的号角声打破了寂静，拉响了战斗，敌军黑压压一片，浩浩荡荡，似决堤的洪水一般，向着城门冲了过来。与敌军相比，守军单薄了许多，但他们不甘示弱、奋力反抗，高昂的士气像深秋里燃烧的枫叶，透着烈焰般的决意。

车毂交错，短兵相接，激烈的战斗，从白天一直打到黑夜。

天空和大地都静默无语，却替历史记录了这战争的过程。晚霞映照着战场，透出惨烈而凄清的光芒。夜色笼罩着大地，雾气像魂灵般四处弥漫，殷红的血迹，一块一块凝结，在黑夜里泛着紫色而鬼魅的光泽，恐怖而又悲壮，黯然而又凝重。一股又一股浓重的血腥味，带着死者的哀怨、伤者的呜咽，在空气里弥漫。悲壮的绝唱，在凄凉地唱响。

夜色深沉，四下无语，是在为死者默哀，还是在为生者祈祷？

黑夜，是结束，也是开始，一场出其不意的偷袭靠着它的掩护，在悄悄进行。“山重水复疑无路，柳暗花明又一村。”援军像不灭的希望，总会带来绝处逢生的春天。他们披着夜色，半卷着红旗，神不知鬼不觉地向着易水之地挺进。

夜色继续往深里走，寒气逼人，霜色加重，敌军的营垒也进入梦乡。援军迅速逼近，准备以迅雷不及掩耳之势发起一场偷袭。一面大鼓在黑夜里泛着寒光，有战士把手臂高高举起，又重重落下，可是这鼓却辜负了满腔的豪情，只发出沉闷而沙哑的声响，然后，有气无力地消失。寒气和霜色合谋，一起来制造障碍，要来阻止援军进攻的脚步。

“风萧萧兮易水寒，壮士一去兮不复还。”怀揣着如此悲壮的决心而来，还有什么可怕的？这点儿困难算得了什么？战鼓擂不响并不等于战斗打不成，只要士气不倒，信心长足，什么都阻止不了援军的脚步。报效祖国，效忠朝廷，这是他们的坚定信念和决心。握紧手中的兵器，为了国家，为了君主，为了百姓，哪怕血战到死。提携玉龙为君死，为君死，一首歌，在诗的平平仄仄里，悲壮而铿锵地唱响。

赤壁

◎［唐］杜牧

折戟沉沙铁未销，自将磨洗认前朝。
东风不与周郎便，铜雀春深锁二乔。

建安十三年，冬。东风催生了一场计谋，改写了一段历史。寒风骤起，一条计谋从诸葛亮的羽扇中轻轻摇出，摇成了周瑜脸上的微笑，自信的光芒爬上了他英俊的脸庞，必胜的信心鼓荡着他的胸膛。

黄盖的船队顺着水流缓缓移动，满载易燃物的船只不断靠近曹军领地。“黄盖投降”的信号，点燃了曹操的喜悦。船越来越近，疑云渐渐铺满了曹操的脸庞，可等他醒悟时，一切已来不及。

燃着熊熊大火的船只，向着曹军的船队冲来，神秘的风向，像暗中的手，在助兴波浪。火趁风势，迅速蹿升、蔓延，曹操的船队顿时陷入危险，葬身一片火海之中，呼救声、哭喊声四起，几十万大军顷刻土崩瓦解。

曹操惶惶然，在众兵的掩护下逃出了重围，悔恨从眼里升起，汗珠在额头上闪亮，粗气从胸腔里一口接一口地吐出，整个人像突然被抽去了筋骨，手中紧握的战戟无力地垂下，被吹来的一阵黄沙掩盖。一声饱含悔恨的叹息，沉重地在历史的上空响起。

历史早已灰飞烟灭，往事成云，一切都被时间收起，旧时的赤壁古战场，如今早已陷入了平静和安宁。

赤壁临江悬崖上，相传周瑜用自豪泼写的“赤壁”二字，在历史的长河中熠熠生辉。周郎傲对长江，壮志满怀指点江山，已成为浓墨重彩的一笔，沉入时间的深处。

茫茫风沙中，一个孤影在沉重而缓慢地移动，他，便是备受冷落、万念俱灰的杜牧。

风沙茫茫，可是他眼前如有雾一样看不到光明的前途。长江滔滔，可是他内心因悲愤和不甘而汹涌澎湃。他像一片树叶，被风带着，在这片古战场上游荡。

他无力地坐在沙滩上，风在地上随意走动，一些沙子被风从这里搬到了那里。此刻，他多么羡慕那自由而肆意的风啊，可他不是风。他把手撑在沙上，头无力地垂着，眼睛呆呆地盯着沙出神，思绪却跟着风走了。

一阵风吹来，强劲而蛮横，在地面扫荡。他的眼前突然一亮，风过之处，有一个铁质的东西，一小部分露出沙面。“会是什么呢？”这个问题忽而跳出，杜牧一颗对万物失去了兴趣的心瞬间复苏。

他急急拨开沙尘，要一探究竟，诗人天生的好奇和敏感，又在那一刻回到他的身上。保持对生活的热度，是他灵感不竭的根源，那些官场的失意、那些尔虞我诈的恶心事，都被眼前的新鲜事物替代。

那露出沙面的原来是一柄战戟，凑近一看，一股潮湿和沧桑的味道扑上来。地之脉息，时间的痕迹，经年的沙土，掩盖了战戟原来的样子。他急忙用手擦拭，擦了又擦，可还是看不清，又疾步走到江边，在水里洗了又洗。

沧桑的战戟变得锃亮了不少，仿佛又恢复了昔日在战场上的风采，甚至，杜牧觉得自己恍惚之间感受到了当年佩带它的战将的温度，赤壁之战从历史的褶皱里出来，无比清晰地在诗人面前展开。

战戟握在手里，感慨从心中升腾：都说周瑜能干，但如不是东风给予方便，火烧赤壁是否能成功呢？历史很可能就此改写，若曹操赢得了赤壁之战，那铜雀台里锁住的就是大乔小乔了。可是，自己的东风又在哪里呢？在哪里呢？失望再一次淹没了杜牧。又一股凉风吹来，杜牧不由打了个寒战。

渔家傲

◎［宋］李清照

天接云涛连晓雾，星河欲转千帆舞。

仿佛梦魂归帝所，闻天语，殷勤问我归何处。

我报路长嗟日暮，学诗谩有惊人句。

九万里风鹏正举。风休住，蓬舟吹取三山去！

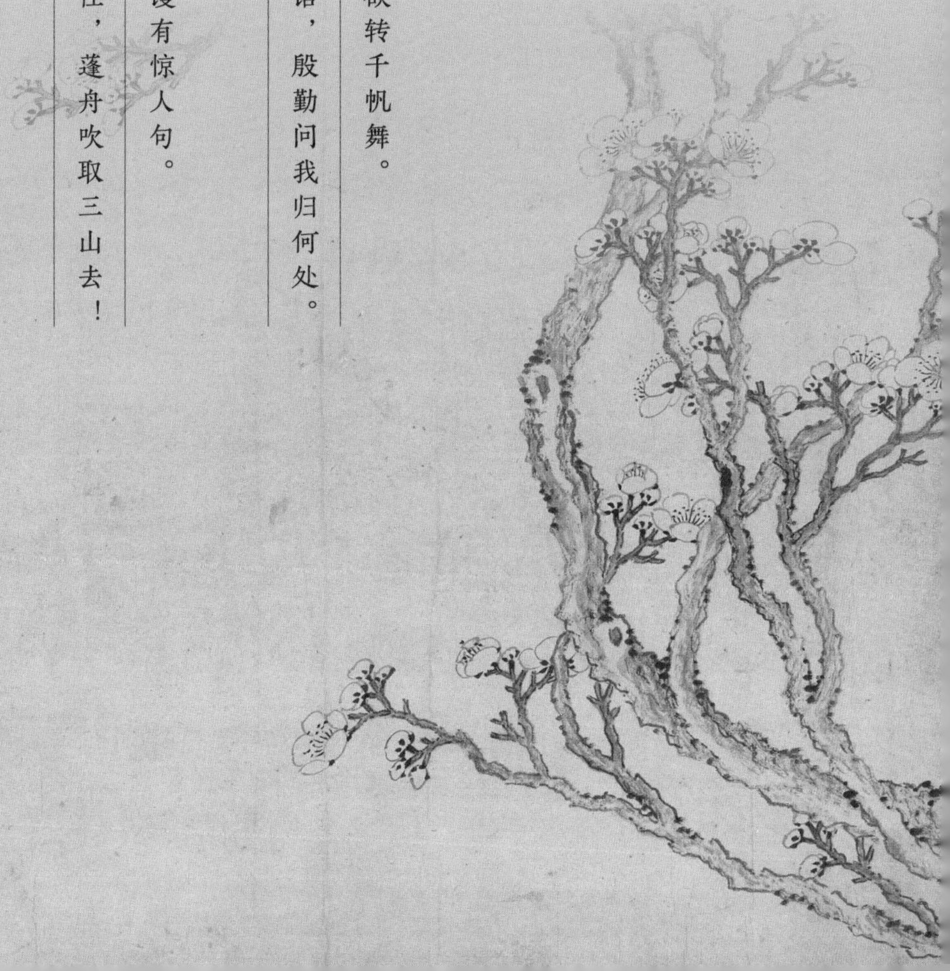

又是一个不眠之夜。

海风怒吼，船帆鼓胀。波涛汹涌，噼里啪啦地拍打着船舱，仿佛要把船舱打破，把船掀翻。小船像鱼一样，在大海中随浪起伏，帆像梭般在波涛中飞舞。船载着一颗破碎的心，在大海上航行，在风浪里颠簸。

天幕低垂，仍不肯收起宽大的黑幕，稀稀疏疏的几颗星，满怀留恋，正在跟夜告别。一团一团的云，似浪翻滚，如涛汹涌，跟大海的浪涛遥相呼应。渐渐升起的晨雾，如纱似梦，在一点点地向着云涌去。

一张脸布满憔悴，一双眼满含忧伤，不说话，就那样仰天呆望。朦胧中，银河如带，在天空转动，一缕梦魂，缓缓升起，腾云驾雾，向着天界的方向飘去……

这里真美！金光闪闪，霓虹道道，瑞气腾腾，紫雾茫茫。银河像玉带飘着，清澈得能当镜子照。红花绿柳，仙气飘飘，人似有翅膀，行走如飞，飘飘若仙。李清照被仙气托着，被雾气领着，任意遨游东西。

一抬头，她不由惊呆了。眼前一扇门，晶莹似琉璃，闪亮如宝石，又富贵又气派，又豪华又阔朗。大殿里也是，彩带飘飘、圆柱耸立、飞鸟名兽、鲜花芳草，玉簪锦衣、紫绶金章……琳琅满目，应接不暇。

“你是何人？从哪里来？”温暖的话语里有掩盖不住的殷切，伴着一股仙气，从大殿上传来。

正被眼前的繁华和气派惊着的李清照，听到这突然传来的问话，不禁一颤。猛一抬头，就看见了一张慈祥的脸，和蔼、温暖，如三月的春光。一双眼睛，敦厚、温和，带着些许疑惑，像一缕月光般，正静静地注视着自己。

这久违的目光，似一缕春风吹过她的心，那干涩的心渐渐有了水分和光泽，有暖气从那里穿过胸腔，缓缓升起。她回答：“在下乃一小女子，前路还有很长，但无奈已是日暮，还未到达我想去的地方。前途茫然，不知所措。”

想到国破家亡夫死，过去和夫君一起精心收罗的文物不保，自己也无依无靠，孤苦伶仃，路途坎坷，忧伤再一次袭上李清照的心头。

“你要去往何处？”关切的话语再次响起，还是那般温和，那般亲切。

“小女子自幼学诗，虽然作得不少妙句为人所称道。但空有作诗的才能，到头来亦无用！”一声叹息，带着深深的忧伤，从她理想的翅膀上跌落、摔碎。

话语瞬间架起一座桥梁，沟通是消除心中雾霾的捷径。一束光，带着不可抗拒的力量，哗啦啦把李清照的心照得亮堂堂，那些埋在心里的坚冰，瞬间见阳融化、遇暖成水。

自己要去哪里呢？去哪里呢？离开这个龌龊的人间，离开这个纷争的俗世，乘云雾，驾小舟，去帝所，那才是理想之地。

恍惚中，她看到大鹏振翅，翅膀掠过天上的云彩，扶摇而上九万里的高空，后面跟着强大的气流、凌云的壮志、冲天的豪气。她急忙站起来，对着天空大声呼喊：“风啊！风啊！你千万不要停下来，将我这一叶行舟，也一起送到蓬莱三岛去吧！”

大海上，她的呼喊如风一样撞来，撞去。

冷酷的现实把她的理想又一次击得粉碎，哪里有什么天庭？只有咸湿的海水一股一股扑上来，只有汹涌的波涛一浪一浪涌上来。强劲的风还没有停下来，那一叶小船依然孤独地在大海上颠簸。

她的眼里有两行清泪，缓缓流下来……

海天相接之处，太阳正用力地从大海里跳出来，黎明的曙光悄悄照亮了半边天。

浣溪沙

◎［宋］晏殊

一曲新词酒一杯，
去年天气旧亭台。
夕阳西下几时回？
无可奈何花落去，
似曾相识燕归来。
小园香径独徘徊。

又是一个寂静的午后。

太阳收敛了锐气，光线渐渐趋于平缓。后花园里，植物散发的隐秘的气息，跨过窗户，向着站在窗前的晏殊飘过来。这向晚的宁静安详，是他的最爱。

他斟了一杯酒，端着，缓缓走到后花园。

晚春已经占领了后花园，树木葱茏，虽安静，却有着向更茂盛处奔赴的趋势。花儿们精力耗尽，用凋零的姿势在与春天做着纷纷扬扬的诀别。唯有鸟儿们，不管不顾，尽情嬉戏，把一声声清脆的啁啾声，撒落在夕阳里。

假山奇形怪状，堆叠成庞大的盆景。池沼像一面明亮的镜子，两面的树木花草，成了彼此的倒影。亭台轩榭就藏在幽深的景致里，像小姐的深闺一般，神秘而又令人向往。

晏殊坐在亭台里的石凳上，望着夕阳濡染的天空，嗅着百花残留的芬芳，看着树木在清风里婆娑。时间迈过草叶向前走的声音，小虫们在地上蠕蠕爬动的声音，都听得如此真切。那只蝴蝶，在一朵残败的花上，嗅了嗅，然后，展开花朵一样的翅膀向着远处飞去。

晏殊端起酒杯，呷了一口，诗情再也禁不住清香的诱惑，从心底，长了翅膀般，扑棱棱飞起。灵感瞬间如泉涌、似浪袭，到达他的嘴边时，就酝酿成了一曲新词。酒酣情陡增，寂静的花园，晏殊新作的词，像夕阳的光线，在空气里荡漾。

一杯酒落肚，一曲新词唱罢，后花园又陷入了寂静。

寂静，像伤感的背景，衬着他那颗孤寂而空落落的心。繁华热闹的场景，像一些闪亮的情节，把他带回时光的深处。去年，也是午后，也在这里，群朋满座、觥筹交错、热闹非凡。如今呢，时过境迁，物是人非，只有他一人独坐于此空惆怅。

夕阳，像一颗熟透了的柿子，就要从树枝上坠落，不久，一切都要被黑夜遮盖。时间像流水，往事似烟雾，去了就去了，谁又能让时光倒流，把往事拽回？往昔已逝，唯一能拾起的只有回忆。

晏殊孤独的身影，像被抛弃在亭台下的一棵

树，因失群而显得格外醒目，因醒目而显得格外单薄。

有风轻轻地靠近那些花，它用嘴轻轻一吹，暮春的伤感之曲，就在向晚霞光里凄婉唱响。花瓣雪花一样地飘扬、雨一样地坠落，那凄凉的姿态，总会让人惋惜、心疼和惆怅。可人纵有千手，又怎能拽住芳华？纵有万口，又怎么喊住它走向凋零的脚步？

两只燕子，穿着黑色的羽衣，停驻在池沼旁，一只用短而扁的喙，含起珍珠一样的水，为另一只梳理羽毛，然后，双双向着屋檐飞去。晏殊看到了燕子，感到好眼熟。哦！那不就是去年住在屋檐下的燕子吗？一颗怅惘的心，总算有了一丝安慰。

夕阳瞌睡了，终于坚持不住，扑通一下，滚下山去。黑夜把它宽大而无边的幕布一抖，唰的一声，就魔术般地将所有的光收走。

晏殊缓缓起身，迈过台阶，踏上小径。小径上早已落满了花瓣，铺满了花香，连空气里都是，但一颗落雨的心，却怎么也灿烂不起来。弯弯曲曲的小径，像是他此刻说不清道不明的心境，在那个静谧的暮春傍晚，绕啊绕。

采桑子

◎［宋］欧阳修

轻舟短棹西湖好，绿水逶迤。
芳草长堤，隐隐笙歌处处随。
无风水面琉璃滑，不觉船移。
微动涟漪，惊起沙禽掠岸飞。

春好。西湖好。一个好字便是广阔。

春光像西湖水一样光滑、透明，从天空一泻而下。亮而不刺眼，明而不灼手，这便是春光之好。天空真蓝，不像话的蓝，云不知都躲到哪里去了，高远的天空里见不到它的踪影。空中有鸟儿飞成剪影，随着清脆的啾啾声，那些衔在嘴里的春光，跌落、扩散、荡漾。

春光散落在湖面，像在湖面上撒满了碎金，跳跃、闪亮，透着粼粼的光泽。水作底色，生机勃勃，春意盎然。入眼皆是春之美好，生命之旺盛，人之心胸不由得因注入了春的魔力而随之开阔、随之明朗。

春染西湖，西湖里都是春色。春气荡漾的湖水，碧绿似翡翠，光滑如丝绸，一整块地从此岸铺展到彼岸，春风的手轻轻拂过，泛着微微的涟漪，像舞女的裙。水波的褶皱里满是春韵，西湖上奏响了春之曲，跳起了春之舞。

把手伸入水中，清清湖水从指缝间划过，带着春的暖、水的柔、丝绸的质感，就那么一点点地把春天的柔情蜜意，传递给你。

长堤是湖水最贴心的守护，堤随水走，水绕堤流，相依相偎，这默契里都是春。站在长堤的一头，向着远处望过去，碧绿里缀着嫣红，一片连着一片，春给长堤铺上了绿毯，也给西湖戴上了花环。

微风过处，送来一股一股的花香。那花香，会让你想到嗡嗡叫着的成群蜜蜂，也会让你想到翩翩飞舞的蝴蝶，甚至会让你想到一段发生在春天的美好故事，它一直牵着你，要把你带到春天的路上。

这样的时候，最惬意不过的是在西湖里泛舟。

小舟轻轻，船桨声声，碧水涟涟，船任意东西，人也彻底放松，什么都忘记了，什么都不想记起来，只有眼前的湖水和春光。

不知从什么地方，隐隐地传来歌声，并不真切，像雾一样缥缈，像纱一样朦胧，似有却无，似无却分明有，就那样随着船儿荡漾，跟湖面的波光一样起起伏伏。

无风也无浪，清澈的湖水像一面大镜子，映照着人，映照着天，也映照着春。层次多了，景致深了，入眼皆是美好，皆是春。湖面光滑滑的，好似琉璃；湖水碧澄澄的，好像翡翠。有了春的参与，这湖水就有了春的风情和秉性，那种好，一言难尽。

再抬眼就看见了断桥，堤岸至此而绝。水光潋滟，桥影倒映，如玉腰金背。桥洞像桥的鼻孔，使劲地张着，吐纳着湖水。

无须风助，时间的手已把小舟推着向前，不知不觉间就快到断桥跟前，舟的后面，有微微的细浪，紧紧跟着，一圈一圈地荡漾。那圈圈涟漪，莫非是湖的微笑，或是游人心底的欢畅，抑或是小舟赠予湖的情诗？

扑棱棱，一阵声响，打破湖面的平静，也牵动了诗人的眼。视线里是几只被惊起的水鸟，正拍打着翅膀，仓皇地向着远处飞去。

翅膀掠起的水珠，琼珠玉石似的飞溅，有几颗落在了游人的脸上，他也并不擦拭，对着远去的水鸟看了看，然后，驾起舟，向着春天的深处划去。春光里，湖面上，一颗恬淡而闲适的心，被映照得亮晶晶。

相见欢

◎［宋］朱敦儒

金陵城上西楼，倚清秋。
万里夕阳垂地大江流。
中原乱，簪缨散，几时收？
试倩悲风吹泪过扬州。

秋来了。天空高远、寂寥，让人有种无着无落的恐惧感。几只从北方而来的大雁，带着满身的倦意，从头顶无力地飞过。

朱敦儒看到清秋里飞着的大雁时，正站在金陵的西楼上。连日来的逃亡，路途的颠簸，陌生的金陵，让他觉得自己就是空中的大雁，孤独而又疲惫，悲伤而又凄凉。

走了一天的太阳也累了，蹲在山尖上，眯着眼睛，在打盹，那无精打采的样子，好像随时都会滚落到山下。暮气暗流涌动，不可遏制地就要漫上来。夕阳用恹恹而橘黄的光，涂抹着黄昏的色彩，加重着清秋的萧索和悲凉。

长江是大地的血液，总也不知疲倦、自西向东沿着自己的轨迹流动。哪里是尽头？它自己也许并不知道。不停息地流着，就是它生而为江的使命。此刻，暗淡的夕阳无力地照着它，远处的江面，隐约有光在闪烁，长江不动声色地流着、流着，向着遥远的地方流去。

日薄西山，光线暗淡，余晖无力。此刻，夕阳已把半个身子隐在山的背后，暮色沉默不语，却在用力地搭建着夜的舞台。黑夜的胃口其实很大，就是要把白天看到的一切吞下，无论是像巨人一样的高山，还是万马齐喑的长江，都不会放过，何况是小如蝼蚁的人类？

一场新旧的较量、你死我活的战争，在朱敦儒的视线里残酷地展开。

日落西山，眼前萧索凄冷之景，太凉人心了。一片飘零的落叶刚刚落脚，重又陷入惊魂不定之中。埋在心中的痛，又一次被生生牵扯出来。那些不堪回首的伤心事，变得清晰而又透亮。

靖康之难，真正是国之大难啊！汴京沦陷，徽宗和钦宗成了阶下囚，世家贵族纷纷逃散，国破家亡，生灵涂炭。好好的一个国，不几日就变得支离破碎；完整的一个家，不多会儿工夫就化为烟雾。这瞬间的巨变，多么惊心！这天崩地裂的疼痛，谁能体会？

天边那半个夕阳，正一点点地向下移动，渐渐收敛那不多的光芒。日薄西山，唉！大宋的江山社稷，不就像这摇摇欲坠的夕阳吗？朱敦儒想到了国家社稷，想到了黎民百姓，悲伤像江水一样汹涌而来，眼睛里不知什么时候已升起一层水雾。

国家破败，朝不保夕，自己就像一枚落叶，被风裹挟，仓皇南逃，百般周折来到金陵，一颗惊魂未定的心总算暂时落地，气喘吁吁的逃亡路途中总算有了喘息的机会。可客居他乡，国家遭难，自己怎可心安，他乡哪是久居之地?

朱敦儒不由向着汴京的方向望过去，遥遥尽头，都被沉重的暮色、渐渐升起的黑夜所笼罩，哪里还有家的影子?

宋金之战，何日结束?何时能恢复故国，还于旧都?诗人看着大宋江山的没落、衰亡，想到遥遥无期的愿望，不禁老泪纵横，对天悲叹。

一阵风吹来，带着悲鸣。朱敦儒不由对风大喊："风啊！请把我的泪带到扬州吧！"扬州，是抗金的前线重镇。

如梦令

◎［宋］李清照

常记溪亭日暮，沉醉不知归路。兴尽晚回舟，误入藕花深处。争渡，争渡，惊起一滩鸥鹭。

天空湛蓝，像热恋中女子的眼眸，热烈而直接。太阳绚烂，用金色的光线把天空抬得很高。云朵漫不经心地走着，走成了天空的风景。有几只鸟雀，把清脆的鸣叫随意撒落。

溪水是蜿蜒在大地腹部的一首歌，潺潺而唱、涓涓而流，向着遥远的地方流淌，悠长得看不到尽头。风不知去向，水草在水底幽幽地招摇。一叶小舟，像一尾鱼儿，快乐地顺水游荡，桨动水响，溅起银屑碎玉，啪啪啪地拍着船板，像宣扬一些雀跃的心事。

舟上的女子，红润的脸上涂了一层名叫兴奋的胭脂，头上的发髻高耸如云，耳上的明月珠闪亮得像星星，一双眼睛里，带着冲出樊笼、重获自由的惊喜，不停地望望左、看看右、瞧瞧前、顾顾后，一双眼睛不够，十双也不够啊！

清碧空明的溪水两边，宽大而碧绿的荷叶，挨挨挤挤，密得不透风，入眼皆是浓稠的铺排和错落的美意。远远望去一片碧绿，与天相接。白的、粉的荷花，亭亭玉立，像一群舞女提着裙摆，在等风的命令，随时要翩翩起舞。

金色的光线照下来，盘碗一样的杯盏里，盛满醉人的酒酿，她禁不住探出身子，把鼻子凑近，闻到满满的香，沁人心脾，好醉人呀！更何况，那些香，长了腿脚，爬上发髻，钻进衣服，拂袖间都是一股一股的香味，就连额头上微微渗出的汗里，都腌渍了荷香。

鱼儿在水中游来游去，轻快敏捷，有几尾调皮的，一会儿蹿上水面，一会儿潜入水底，不时地吐着水泡，水泡连在一起，像一条珍珠项链，透着莹莹的光泽，让船上的少女，不时伸长手臂去捉。

几只鸭子，羽毛洁白，喙橘黄，时而自由地闲游，时而引颈叫嚷，时而把脖子伸进水中撅起串串水花。这片水域就是它们的天堂，那

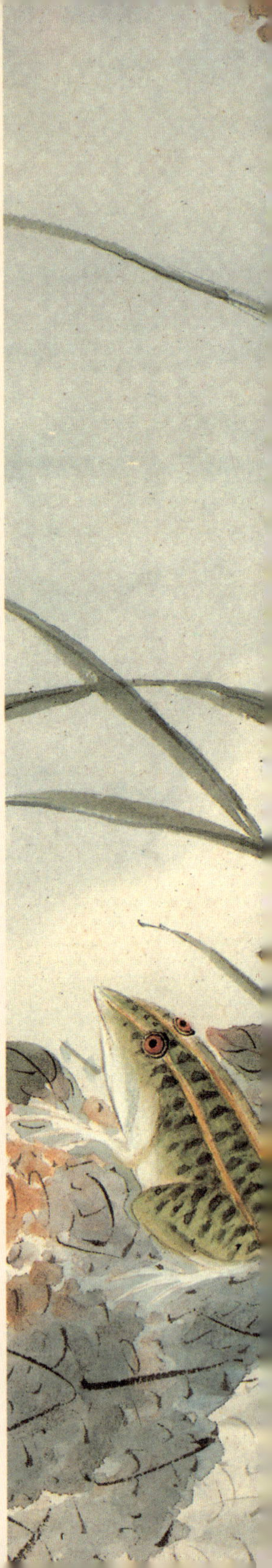

荡漾的粼粼水波，可是它们快乐的心曲？

远处的小桥像花环，也如彩虹，架在溪的两岸。桥旁是一座亭子，亭子四角翘起，像一只振翅欲飞的鸟，树木花草，高低俯仰，绿红相映，衬着亭、映着桥，热闹而又诗意。划桨的手，不由加快了。

把小舟泊在岸边，提起裙摆，轻轻一跃，便到岸上，一路小跑，来到亭下。亭子像一把撑起的大伞，投下浓稠的阴凉。凉爽，像蒲扇一般，带来了凉风，舒服得让人无法用言语表达。少女在附近选一块干净的地方坐下。

远方传来了浣纱女子的歌声，在空旷的四野里起起伏伏。女子的脸在荷叶间忽隐忽现，少女不禁踮起脚尖，伸长脖子去望，哪里有女子，分明就是绽放的荷花。少女一阵着急，收回目光，可刚刚落下去的歌声，又从远方传来。

就这样看着，不说话，沉醉下去。

不知过了多久，太阳仿佛走累了，慵懒地停在西边的山上栖息，仿佛随时都会滚下山去，然后，长睡一晚再起。

少女猛一抬头，看到了欲坠的夕阳，“哎呀！”她惊叫一声，一阵慌乱，急急起身，手提裙摆，一路小跑向着小舟奔去。

跳跃、坐定、划桨，左一下、右一下，桨声急匆匆像鼓点，搅动水声哗哗响。划啊划，使劲划，恨不能变成一只小鸟飞回家。天就要黑了，恐惧像一只小鼓，敲得心儿咚咚响。

回家的路在哪里，这是怎么回事？前面的荷花荷叶密密匝匝，那条清亮亮的小溪怎么没了踪影，来时的路又去了哪里？恐惧像黑夜一样，向少女的心漫上来。突然，扑棱棱一阵乱，少女抬头一看，原来是一群受到惊吓而起飞的鸥鹭。

少女惊恐地瞪大了双眼，吓出了一身冷汗。

那美景，那惬意，那惊恐，那慌张，成为一幅画，留存在记忆里。好多年了，还常常会翻到那页，顺着往事的路径，回到过去，在意犹未尽中，再次沉醉。

那少女，便是李清照。这首《如梦令》，替她收藏了那段少女时期的美好时光，和那段美好的遇见。

八年级
下册

关雎

◎《诗经·周南》

关关雎鸠，在河之洲。
窈窕淑女，君子好逑。
参差荇菜，左右流之。
窈窕淑女，寤寐求之。
求之不得，寤寐思服。
悠哉悠哉，辗转反侧。
参差荇菜，左右采之。
窈窕淑女，琴瑟友之。
参差荇菜，左右芼之。
窈窕淑女，钟鼓乐之。

阳光洒满了小河，像洒满了碎金，河水粼粼，微微地跃动着光泽。小洲像铺在河畔的地毯，安详地守护着河水。风栖息在一株水草上，一动不动，正在窥探一位男子的心事。

一对雎鸠鸟，站立在小洲上，你看着我，我看着你，含情脉脉，虽不说话，却已胜过千言万语。其中一只，终于憋不住了，向另一只鸣唱，钟情、爱恋、告白，那些藏在心底的秘密，终于释放。另一只也用鸣唱做出回应，一唱一和，你呼我应。关关的鸣叫，浓浓的爱意，在空气里纷纷扬扬。

这暧昧而又宣扬的情意，像一股风，刮得男子心痒痒的。情窦初开之龄，怎能抵挡住如此诱惑？有火苗在心中熊熊燃烧，一双爱慕的眼睛，不由向着小河望去。

清凌凌的河水像一面虚幻的镜子，把小舟以及小舟上的姑娘映在水面。小舟并没什么可看的，小舟上的姑娘才是亮点，磁铁一样地吸着男子的眼球，男子的眼睛，刚一碰到，就再也不想挪开。

姑娘太美了！素色的衣服，苗条的身影，坐在小舟上，她侧着身子，伸出手臂，用了纤纤玉指，去采摘荇菜，左一下、右一下，宽宽的水袖，在河面上，时而飘举，时而收敛，有蝴蝶飞翔的美感。玉指伸在水里，如莲藕，似葱白。荇菜青青，在水里跳着妖娆的舞。看上去像一幅画，姑娘就是那画里的女子。

男子脚下生风，走得近了些，终于看清了姑娘的脸，脸庞清秀如水，眼睛清纯似雪。四目相接，姑娘脸上瞬间绽开两朵娇羞的云彩，低眉，敛目，然后，急急划船，迅速逃离，船后有朵朵水花溅起，那可是男子的声声叹息？

这长长的洲，清清的水，绿绿的草，既做了暧昧的背景，又充当了惆怅的道具。

船走人空，这里又恢复了寂静。雎鸠鸟也发出一阵惋惜的鸣叫，它们本来希冀着能目睹一场爱情的生动展开的。男子呆呆地站着，痴痴地望着，直到小船不见了踪影，才恋恋不舍地离去。

思念，才下眉头，却上心头。饭也不香，茶也无味，人像泄气的皮球，一下子蔫儿了。男子的心里，再装不下什么了，男子的脑里，再记不住什么了，除了那姑娘，以及跟姑娘有关的一切。

夜幕降临，鸟噤了声，风停了脚，只有星星还眨着眼睛，只有月亮还散发着皎洁的光。男子躺在黑暗里，翻来覆去，怎么也睡不着！眼睛闭上，是姑娘娉婷的身；睁开，是姑娘羞涩的脸。

妖娆的荇菜、柔曼的河水、婀娜的身姿、含羞的眼眸、急匆匆的摇橹声、哗哗哗的水声，浪花一样地涌来。拂不去的思，赶不走的念，在这夜深人静里，更加透亮，更加清晰，也更加折磨人。睡意被思念的棒，搅成了一锅粥。今夜，注定是一个不眠之夜。

朦胧中，姑娘好像正向着他款款而来，还看着他，甜甜地笑。他欣喜若狂，急急拿起琴瑟，取来钟鼓。吹起琴瑟，悠扬的歌声，可是他绵延不绝的思念？击起钟鼓，咚咚的节奏，可是他热烈的心跳？这些都不重要，重要的是能得姑娘一笑，讨姑娘一乐。就足矣！足矣！

夜还在黑下去，四周更静了，他匆匆起来，四处找，可哪里有姑娘的身影？琴瑟和钟鼓，正孤零零地杵在月色里。他清晰地听到，思念咬噬心的声音，然后是，钻心地疼。

蒹葭

◎《诗经·秦风》

蒹葭苍苍，白露为霜。
所谓伊人，在水一方。
溯洄从之，道阻且长。
溯游从之，宛在水中央。
蒹葭萋萋，白露未晞。
所谓伊人，在水之湄。
溯洄从之，道阻且跻。
溯游从之，宛在水中坻。
蒹葭采采，白露未已。
所谓伊人，在水之涘。
溯洄从之，道阻且右。
溯游从之，宛在水中沚。

刚刚起床的太阳，还来不及把脸擦净，就被黎明推向了人间。深秋带着寡淡而又凄凉的表情，雾一样向着田野河边漫了过来。

大片的芦苇，做了岸厚实而蓬松的地毯，也做了河的栅栏或者篱笆。苍绿的叶片袭上了朝气，挤挤挨挨、密密麻麻，以成熟稳重的气势，向着远处蔓延。稻子一样的穗，像一面面小旗，在秋风里舞动。

露水，是大气赐给植物的珍珠首饰。大气像植物的情人，带着羞于告人的秘密，总是在夜深人静时，把金银细软悄悄馈赠。可毕竟见不得光，太阳刚一露脸，那些“珍珠”就变成水汽，然后消失。

被感情折磨一宿的小伙，推开黎明的门，期盼着今天就能见到朝思暮想的她。小河、沙滩、芦苇、她的倩影，多么生动的一幅画！时时挂在他思念的窗口。他不会放过每一个邂逅她的机会，一早，失魂落魄的他，就急急向河边赶来。

青青芦苇中，她可是那最妖娆的一株？猎猎风声里，可有她水袖中的暗香浮动？那清凌凌的河水，可否替自己看清她的桃腮粉脸？一双眼睛，扫来又扫去，留恋的目光铺陈了千条万条的路，条条的终点都是她。

眼睛里燃起了光亮，光亮的焦点上站着他日思夜想的人儿：衣裙飘飘，亭亭玉立，似下凡的仙子，在顾影自怜，她脚下清凌凌的河水，就是一面天然而阔大的镜子，把她映照得更加婀娜，更加梦幻。

他跟她，隔着一条河的距离。

河水清且凉，寒气像秋意一样扑面而来，但，怎能阻挡追逐爱情的脚步？爱，就是力量；爱，就是不顾一切。即使是撞到南墙，撞得头破血流也值。他顾不得多想，也顾不得多思，急急把脚伸入水中。

她不是岸边的芦苇，而是飘飞的芦花。

等他再次抬头时，她早已沿着河岸，向着下游走去。他一阵慌乱，急急上岸，然后，向着下游追去。芦苇丛再高，怎能阻挡他跟随的脚步，坚定的信念像坚不可摧的爱恋，在心中拧成反复的叮咛——决不能让她再离开视线。

娉婷的身影，牵着他的目光，捉迷藏似的一会到上游，一会到下游。脚步远不是眼睛的对手，每一步都来不得虚假，何况时不时还要在高高的芦苇丛中穿过，风儿轻轻吹，叶儿沙沙响，可吹不动一颗要追到她的决心。

太阳终于把脸擦净，在天的一边，静静地窥探这一段情意。芦苇青青，露水变得稀稀疏疏，正等待着太阳把它们都收走，好还叶儿本来面目。

一双脚始终追随着她，一双眼始终为她流连。阳光照下来，小伙的额头微微地渗出了细密的汗珠，是露珠跑到他的额头，还是因为奔跑焦急而凝成？能不急吗？眼看着自己就要站在她的身旁了，她却又站在了水中的小洲上。

小洲。水的中央。她如一只不食人间烟火的仙鹤，自己这双没有翅膀的脚，怎能追上？总不能搭箭拉弓射她。可就这样放弃？不甘啊，不甘！

心中暗暗给自己鼓气，脚下生风，向着她，又追了过去。

太阳再也不能波澜不惊了，它把光都放出来了，要把叶上的露水全部晒干，好助小伙一臂之力。

沙滩。水的中央。她就是下凡的仙女，似有一双隐形的翅膀，要带着她飞向远方。小伙子穿过芦苇丛，站在了河的对面，看着脚下哗哗的河水，看着花一样开在水中的姑娘，再没有迈开腿。

他孤零零地站在河岸上，像一只受伤的丹顶鹤，内心发出一声无奈而惆怅的鸣叫。

他终于明白：有些距离，一生都跨不过。

式微

◎《诗经·邶风》

式微式微，胡不归？微君之故，胡为乎中露？

式微式微，胡不归？微君之躬，胡为乎泥中？

夕阳泊在天边，含情脉脉，是舍不下什么呢？迟迟不肯落下。夜色却早已按捺不住，是要把蓄积的深沉全部抖搂出来吗？天空静谧得像一块灰色的布料，在等待着星星和月亮的点缀。

鸟儿归巢，牛羊进圈，鸡鸭们也渐渐停止了叫声，当最后的一缕炊烟在黑暗中飘散，一切都将被寂静吸纳。但妇人的心，却如日中天，期待、渴望、思念像刚刚睡醒的小兽，在她的心里上蹿下跳，牵着她，奔向村口。

她在村口的那棵老槐树下站定。老槐树默默地为她撑起伞盖，茂密的树叶间穿梭着还未降下来的热气，似乎能听到它们游走的声音。空气里没有一丝风。“呱呱——”头顶上传来乌鸦的叫声。那是两只乌鸦，一公一母，她不用抬头，就知道它们正偎依着要进入梦乡。

想到这里，羡慕、失落又一次胀满了她的心房。

在这黄昏将落未落、夜色将升未升之时，是这对乌鸦见证了她的春夏秋冬，目睹了她的望眼欲穿及催人泪下的思念。是它们用叫声跟她的希望打招呼，用默默的目光看着她落寞的身影消失在黑暗里。

把心铺展成一条希望的路，从村口一直延伸，延伸到思念要抵达的地方。目光像探照灯一样，在这条路上扫来又扫去，哪怕是躲得再深的死角呢！她都不会放过。她多么希望，那些春天的心事，都能在那条路上开出花朵。她多少次幻想，在路的尽头会有温暖的灯盏亮起。

望啊望，望得雪花又飘起；等啊等，等得花儿都谢了。可风儿总送不来他的气息，雁儿也捎不来他的消息，通往她心的路上也听不到熟悉的脚步声踏响。希望有多大，失望就有多大。她的心就快要落了。

天就要黑了，他为什么还不回家？是听不到她的声声呼唤，还是看不到她的形单影只？是什么牵绊了他回家的脚步？是什么让他如此绝情？爱恨交织、疑怨纠缠，现实的冷寂在一点点地蚕食她的春色、摧残她的花容。

天微露鱼肚白，大地还在沉睡。却正是露水兴风作浪之时，它们沉甸甸地密布在叶片上，那么醒目，那么霸道。风醒了，开始耀武扬威。劳役的男子早已跟晨曦一起醒来，开始劳作。衣服被露水打湿，一双脚沾满污泥，红肿的眼不敢走神，布满老茧的手不敢停歇……

那是她在外服劳役的丈夫啊！终年累月风餐露宿、不辍劳作，都是为了君主啊，为了养活他们的贵体，为了滋润他们的日月呀！

这幅蘸了苦难和艰辛绘成的画面，在她的想象里出现时，酸楚、心疼、自责混合着一种说不清道不明的情愫，化成了泪珠从她的眼里流出，瞬间流成了两条浑浊的小河。

那一瞬，所有的质疑和怨恨土崩瓦解。理解、担忧，而后是无奈的叹息。

她就那样呆呆地站着，站成黑夜里一棵孱弱的树。

时间也不忍心看她的落寞，兀自睡去。树叶也不知道该怎样劝说，小心翼翼地静默。只有那两只还不肯睡去的乌鸦，默默地看着她走向村子……

明天暮色昏暗之时，她还会站在村口那棵老槐树下吗？

子衿

◎《诗经·郑风》

青青子衿，悠悠我心。
纵我不往，子宁不嗣音？
青青子佩，悠悠我思。
纵我不往，子宁不来？
挑兮达兮，在城阙兮。
一日不见，如三月兮！

星星都睡了，太阳也快醒了。我却睡不着，怎么也睡不着。

心被一个人占据，就没有一点儿缝隙了，一点儿都没有了。茶淡了，饭无味，觉也没了。你就像一根藤蔓，顽固地缠在我的心上，勒得好紧，那道道血印，生生地疼。

思念如夜一样，绵延悠长。思念的尽头，是温暖而迷人的展开——怦然心动的感觉，刻骨铭心的细节，在春天的背景下，泛着羞涩而幸福的光泽。

春光明媚，生机勃勃，桃花夭夭，花香袅袅，在那个小花园里，你我邂逅。那是一个静谧的午后，风住了脚，树叶也不摇动。蝴蝶翩翩舞，蜜蜂嗡嗡叫，桃花不动声色地绽放，阳光恬静而温暖地照下来。空气里遍布花香的味道，春天的味道。

桃花丛中，传来阵阵笛声，清脆如溪水流淌，干净得像少女的眼眸。桃花艳艳，笛声悠悠，如此春光，怎能不醉人？是谁在此吹笛，又是谁用笛声把这午后渲染得如此迷离？好奇牵着我，循声走近。

你站在一树盛开的桃花下，专注地吹笛，你体态修长，青领白袍，黑发飘飘，翩翩若仙，一下把我的眼睛吸引。心怦怦怦，击鼓一样地响，脸火辣辣地烫，我看不见，但它一定是桃花一样的颜色。我就那样痴痴地望着你。

一曲终了，你蓦然转身，面容清朗，棱角分明，目光炯炯。我们四目相接，瞬间就擦出火花。同时，我感觉有一束火光，从你的眼里蹿上来，向我烧过来。娇羞、慌乱，我匆匆低下头，不敢看你，心里却早已翻江倒海、天崩地裂。

你踩着花香和暖阳，向我走近，我不敢看你，只感觉有一团温暖的气息，汹涌澎湃地围着我。我看到了你系着玉佩的绶带，青青的、长长的，从你的腰际垂下来，跟你衣领的颜色一样，都是春色。我的心里也鼓胀胀的，久久不能平息。

我听到你的问话，如甘泉，似春雨，也似涓涓溪流入我怀。接着，触到一双手的温热。第一次，跟一个陌生男子如此近距离地相处，我慌乱而又娇羞，恐惧而又渴望。阳光温婉地照着，桃花静静地绽开，时间定格不了那个激动而又醉人的午后，可它早已在我心里扎了根。

相见时难别亦难。难舍难分的时刻，你我约定，明日午后此地相会。你信誓旦旦，告诉我，无论天涯海角，哪怕千山万水，也不会阻止你来看我的脚步。

愁绪才下眉头，却上心头。思念总是那么长，现实总是那么冷。

女为悦己者容，我早早起来，坐在梳妆台前，画眉，贴花，再抹上明丽的胭脂，戴上精致的头饰，穿上最漂亮的衣裙，等待着太阳的升起。

双脚还没迈出门槛，“哪里去？回来！”父亲的呵斥声如雷声轰鸣，带着不可抗拒的威严，拦住了我的双脚。慌张里，我看到父亲严厉如寒霜一样的目光。接下来的几日，我便如被关在笼里的鸟儿一般。那约会之地，本来不远，如今却被世俗规矩隔成漫长。

青青子衿，悠悠我心。青青子佩，悠悠我思。好不容易被允许出门，我赶到约定的地点可是却没有看见你。我只能每日里，站在城阙的高处，向着你约定到来的方向，看啊看，望啊望，双眼都望穿了，可我目光铺成的路上却总也不见你的身影。

上次我没能如约去赴约，难道你就不能来看我吗？哪怕是让人捎个口信，报个平安呢？女人的心你不懂，一眼便是认定，认定便是一生。思念的感觉你恐怕也不知，它如万千蝼蚁钻心，似汹涌波浪撞击。心被掏空，筋骨被抽取，衣带渐宽，面容憔悴，一日不见，如三月兮，何止是三月呢，三秋都不夸张。

“青青子衿，悠悠我心。纵我不往，子宁不嗣音？青青子佩，悠悠我思。纵我不往，子宁不来？挑兮达兮，在城阙兮。一日不见，如三月兮！”

城阙上，传来歌声，又幽怨又凄婉。

送杜少府之任蜀州

◎［唐］王勃

城阙辅三秦，风烟望五津。
与君离别意，同是宦游人。
海内存知己，天涯若比邻。
无为在歧路，儿女共沾巾。

关中大地，茫茫田野，像一个热情的怀抱，紧紧抱住古都长安。城垣宫阙，互连共接，高低错落，雄伟壮丽，屹立成长安城的魂魄。风儿猎猎，长袍飘飘，站立城垣之上的，是分别的人儿。此时的城垣像展开的卷轴，在叙述一场离情别绪。

天空阴沉，像离人的心。千般不舍，万般不愿，都化作长长的一声叹息。忧伤的眼睛不由望向远方，烟雾迷蒙，风尘滚滚，那遥远的尽头，可是岷江的五大渡口？千里之外的蜀州，荒僻苦寒，萧索凄凉，此次一去，归来之日，将遥遥无期。想到此，杜少府的眼里不由蒙上一层水雾。

没有燕羽、杨枝、酒盏，只有王勃执手相送，依依的深情、默默的相伴和真诚的祝福，便是他对友人的全部真心。百花要凋，东风无力，树叶要落，枝条哑然。此次杜少府去蜀州上任，已成定局，不是谁能随便更改的。“杜兄，时候不早了，我送你走吧！”

沉默，无语，只有迎风的旗帜猎猎响着，以招展的姿势，在做最后的诀别。他们一前一后，缓缓走下城墙，沉重的脚步，把离愁拉得好长好长。

城门，是结束，也是开始。此次迈出，就是结束，这里的生活，日常的细节，包括熟悉的气息。新的开始，是凄凉的悬念，也是无尽的愁思。杜少府再次回眸，想用自己的眼睛对这里做最后的定格，要用力地记住王勃的模样。

踏上仕途，升迁或者贬谪由不得你我，离别，是在朝为官的常态。分分聚聚，离离合合，就是我们的人生轨迹。你我如落叶，像漂泊的船只，实是无奈。家，我们的根之所在；故乡，我们的血脉之渊源。谁又愿意离开半步？谁又不魂牵梦绕？

杜兄啊，此刻，你的心情我又何尝不知？它如刀割，似火燃，用割断肠子、挖空心肝来形容一点儿都不为过啊！

然而，友情就是一缕春风、一盆炭火、一缕阳光，你不是还有我吗？记住我们的杯盏言欢、记住我们的谈古论今、记住我们的心有灵犀、记住我们的默契和谐，就是记住了我。让那些过往的一切，成为寒冷中的温暖，希望能在你需要之时，给你陪伴和慰藉。

“丈夫志四海，万里犹比邻。”是曹植对曹彪的劝告，今天我也有两句想要赠予杜兄，“海内存知己，天涯若比邻。”你我知此知彼，情深似海，志同道合，又岂在朝朝暮暮的相处？

有云层压着，太阳走得好艰难，不过，总算有光亮，从云层的边缘射出来，天空有了光芒。杜少府紧锁的眉头，稍稍舒展，忧伤的眼里，似乎有光亮闪过，他用轻微的点头，回应着这份友情。

把话语带上，把友情装好，上路。

岔口，是路与路的交界，以此为点，人生将要射线一样地做着各自的延伸。自古多情伤离别，更何况迢迢千里。强忍着，别让泪水出眼眶，别让忧伤铺在脸上，可心呢，已是伤累累、泪涟涟。

有时，感情是不可抑，难以控的。转头，泪水肆意在脸上流，忧伤成河，用牙齿使劲咬住嘴唇，把拳头用力握成铁锤，都无用。

男儿有泪不轻弹。杜兄，你我可不要像年

轻的男女一样，让涟涟泪水打湿衣裳，因重重悲伤而徘徊不前。好男儿志在四方，何况你还有我呢！

王勃伸出手掌，轻轻放在友人的肩膀，然后，重重一拍。杜少府一个转身，两双手紧紧相握，继而，一个箭步，跨上马，扬鞭而去……

王勃怔怔地站在那里，眼睛里升起了水雾。

风吹来，一扫离别的千古愁云，一首友谊之歌，在唐诗的平平仄仄里昂扬唱响。

望洞庭湖赠张丞相

◎［唐］孟浩然

八月湖水平，涵虚混太清。
气蒸云梦泽，波撼岳阳城。
欲济无舟楫，端居耻圣明。
坐观垂钓者，徒有羡鱼情。

八月到了洞庭湖上，四周的景致显出别样的风情。

湖水泱泱，季节的手推动着水，水以饱满的热情回应着季节，涨啊涨，不停地涨，升啊升，不停地升，是要与岸齐平吗？是要和天一样高吗？那些成熟的心事，又鼓胀又荡漾，是在对季节进行热烈而急切的表白吗？

湖水浩渺，无边而又辽远，它光滑而明亮的质地，正好做了天的镜子。天静静地注视着湖中的自己，正在纳闷和疑惑。也许，天是从水的镜子里看清了自己的模样。远远望过去，辽远的天空，浩渺的湖水，彼此呼应，虚实相融，水天相接之处，浑然一体。

太阳收敛了锐气，没有了凛冽的光芒，湖上就是水汽、烟雾的天下。湖蓄积的何止是水呢？它更像是一口无底的仙洞，不断地升腾着水汽和烟雾，并以不可阻挡的气势蔓延、扩散。整个湖面烟波浩渺、水雾迷蒙，像罩了一层薄薄的纱，朦胧之中神秘兮兮，宛若仙境。

你看，烟雾是那样肆虐和霸道，是那样气焰嚣张，居然蔓延扩散到云梦泽。趁着强烈的阳光还没照下来，趁着风的手还没有伸过来，就把云梦泽按照自己的意愿装扮一番吧！

这个季节的湖，本该像中年男子一样，沉稳内敛，但别忘记，湖激荡澎湃的秉性，时刻都会彰显。洞庭湖也不例外。西南风起，就是对洞庭湖的挑衅，它好斗的本性就张牙舞爪起来，波浪翻滚，汹涌澎湃，带着激越的吼叫、狰狞的面孔，像一头暴怒的雄狮，向着东北岸扑去。那惊天的轰响、动地的威力，莫非要把坐落于湖滨的岳阳城撼动？

隐居的孟浩然，此刻站在湖边，心潮似湖水，激越澎湃，再不能平静。

这洋洋湖水，激荡振奋，那浩瀚无边的尽头，定有迷人的风景，多么想乘风破浪，横渡过去，亲自目睹。可淼淼水域，茫茫河岸，哪里有船只能载自己一程？

圣明的大唐盛世，就像是这生机勃勃、激

荡奋进的洞庭湖，也是那八月的艳阳天，更是饱满而丰裕的季节啊！谁不愿把满腔的情投注，谁不愿把沸腾的血洒入？自己也是，恨不得把力量都用上，把自己的一生都搭上。

可自己现在却远离这轰轰烈烈的一切，不能效力朝廷，实在是感到羞愧啊！自己像一棵孤树被抛于荒野，似一枚落叶被风吹成凄凉。闲下来，却并不适，就如躺在马厩里的千里马，给它能够肆意驰骋的疆场，它才快乐；闲置的农具，有了可以辛勤耕种的土地，才有存在的意义。

堂堂七尺儿郎，有谁愿意赋闲在家？出仕求官，才是心之所向。可能搭乘自己的那条船，又在何方？

垂钓的人儿，静坐湖边，不动声色，把长长的鱼竿伸入水中，辛勤垂钓，临河坚守，就像耕耘着自己的事业，却并不管波浪翻滚，烟雾迷蒙，就只管垂钓。旁边的竹筐里，钓着的鱼儿一条压着一条，就要满筐了，那些鱼儿，在孟浩然羡慕的眼光里，泛着水灵灵的光泽。

太阳露出了笑脸，雾气渐渐消散。光线在云层里跋涉了好久，终于变得明媚起来。它是否能穿透文字，扫尽迷雾，让那些想说的话在平平仄仄里，变得晶莹而透亮，挂在希望的树上，被敏锐的眼睛看到？

石壕吏

◎［唐］杜甫

暮投石壕村，有吏夜捉人。
老翁逾墙走，老妇出门看。
吏呼一何怒！妇啼一何苦！
听妇前致词：三男邺城戍。
一男附书至，二男新战死。
存者且偷生，死者长已矣！
室中更无人，惟有乳下孙。
有孙母未去，出入无完裙。
老妪力虽衰，请从吏夜归。
急应河阳役，犹得备晨炊。
夜久语声绝，如闻泣幽咽。
天明登前途，独与老翁别。

咚咚咚……

“开门！开门！”

敲门声，鼓点一样响起；叫喊声，惊雷一样炸开。嚣张，像熊熊火焰，扑向农家小院，原有的秩序被彻底打乱。深夜被惊醒，鼾声被割断，梦被搅乱。一场悲剧在慌乱和惊恐中即将展开。

杜甫一骨碌爬起来，揉揉惺忪的睡眼，隔壁屋子里响起一阵窸窸窣窣的声音，慌乱而又惊恐，嘤嘤嗡嗡的说话声，紧张而又含糊。不祥的预感在杜甫的心中腾地升起，他警觉地抓起衣服胡乱地披在肩上。下地，把耳朵贴在门上。

“赶紧逃走！一家老小还指望你呢！”是老妇的催促声。

“我走了，你怎么办？”老翁无奈地说。

“我一个女人家，他们能把我怎么样？快走！再不走就来不及了！”声音越发急促，一声接着一声。

隔着门缝，杜甫看到了老妇一边说着，一边使劲将老翁向门外推。

月光并不体恤，依旧一副寡淡的表情，把如纱的银辉洒下来，白惨惨地铺了一地。它们不能为老翁的逃走设置掩护的屏，却为杜甫的观察提供了灯。

借着淡淡的月光，杜甫目睹了一场悲剧的发生，在一阵接一阵的叫嚣和咚咚声里，老翁幽灵一样，趁着夜色、披着月光，跃起，翻墙，然后消失在夜色里。

一堵墙，把老翁与灾难隔离，却挡不住老妇的不幸。

“来了——”老妇看着老伴儿逃走，估摸着他脱离危险了。然后故作镇静，急忙去开门。

“老东西，开个门也要半天！”哗啦一下门被踢开，一阵风暴袭来。四个官吏模样的人大声斥责，飞扬跋扈、大摇大摆地径直向屋子走，叫嚣着：“让你家里的男人出来！”

“长官，我家里哪还有什么男人呢？”这一问，老妇悲从中来，话像黄河里的浪花，滔滔不绝：

“我本有三个儿啊！都被征去守城。前阵子，二儿子捎信回来，说是他哥哥和弟弟都战死了。我那苦命的儿啊！”悲伤席卷老妇，她几近哽咽，不住地用袖子揩泪。此时，眼睛成了一口深不见底的井，苦难源源不断，泪水肆意成河。

“少啰唆！”走在前面的高个，一把推开她，就要往屋里闯。

“哇——”一声婴儿的啼哭声从屋里传来，尖厉而又突兀。众人愣住，空气瞬间凝固，但仅仅几秒，便又恢复原先的模样。

“谁在屋里？老实交代！”高个叫嚣着，一只脚已跨进门槛。

老妇急忙上前，紧紧拽住高个官吏的衣襟，又是一番哭诉：“是我孙子在哭，媳妇因为孩子小，还未改嫁，但她没有一件像样的衣服能见人。长官，你们就可怜可怜孩子吧！”

“别跟她废话！抓不到人如何交差？”另一个官吏说。

“要抓就抓我吧！我虽老，可我饭做得不差。现在我就跟你们走，还能来得及准备明天的早饭。”老妇一直在苦苦哀求着他们。

一阵慌乱之后，小院又恢复了平静。

呜咽声断断续续，丝丝缕缕，像一部悲剧的尾声，氤氲在夜的深处。

晨曦穿过树冠，照在宁静的小院。小院又开始了新的一天。杜甫向主人告别，可给他送行的只有老翁。

从昨天傍晚投宿，到今日黎明，杜甫在石壕村亲睹了一场人为的灾难，心再无法平静。他要把它记下来，装进史册，让文字见证，让后人铭记。

茅屋为秋风所破歌

◎［唐］杜甫

八月秋高风怒号，卷我屋上三重茅。

茅飞渡江洒江郊，高者挂罥长林梢，下者飘转沉塘坳。

南村群童欺我老无力，忍能对面为盗贼。

公然抱茅入竹去，唇焦口燥呼不得，归来倚杖自叹息。

俄顷风定云墨色，秋天漠漠向昏黑。

布衾多年冷似铁，娇儿恶卧踏里裂。

床头屋漏无干处，雨脚如麻未断绝。

自经丧乱少睡眠，长夜沾湿何由彻！

安得广厦千万间，大庇天下寒士俱欢颜！

风雨不动安如山。

呜呼！何时眼前突兀见此屋，吾庐独破受冻死亦足！

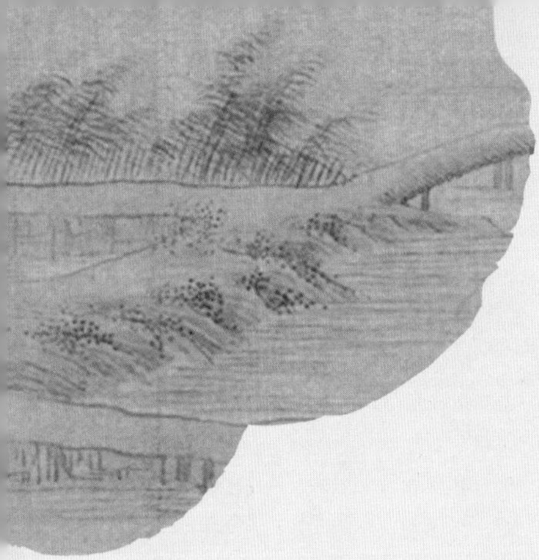

八月，秋走到深处，风就亮开嗓子喊出来了。你看，它简直就是个疯子，呼呼呼地到处乱叫，那狰狞的面目像一头饿狼，令人战栗。它的一双大手，粗鲁而残忍地经过屋顶，屋顶就一片狼藉。原本伏伏贴贴躺着的茅草，还没弄清是怎么回事，就被它霸道地掳走，它们懵懵懂懂、慌慌张张，被风带着四下里飞扬，或者飞到对面的江岸，或者飞到树梢，旗帜一样地高挂，或者飘飘悠悠地沉到池塘。它们那单薄的身子和悲怜的模样，像失去庇护的婴儿，孤苦无依。

一群儿童，像啄食的鸟雀，东一下、西一下，蹦蹦跳跳地捡拾落于地面的茅草，然后，抱着它们，嘻嘻哈哈地向着村边的竹林跑去，还时不时地回头向着在风里张皇追逐着他们的老人吐着舌头，做着鬼脸。

“站住！”“放下——”一声声呼喊在风声里跑来跑去，却总也跑不过那一颗颗顽皮的心。一个颤颤巍巍的身影，在风里慌慌张张地追赶，却怎么也追不上孩童们风一样的脚步。那老人正是杜甫，他像一片飘零的叶子无奈地收住脚，倚着一根拐杖大口地喘息。一张愁苦的脸，像被风吹皱了的树叶，像被季节拧干了水分的粗布，一双空洞而愁苦的眼睛，睁得像铜铃一般，发着惊讶的光，然后，黯淡，然后，化作一声声无奈的叹息。

最后，连叹息也没有了。

叹息是被沉沉压下来的墨一样的云给盖住了。

也许是风耍赖撒泼累了，声息渐渐停止，世界看似恢复了宁静。可宁静是暂时的，天空虎着脸，暗淡愁惨，黑压压一片，那排山倒海的气势，似在酝酿一场更大的灾难。

当杜甫看到天那张愁苦的脸时，内心比天还愁苦，屋漏最怕连阴雨，风和云的一场合谋，怎么能躲得过去，谁又能阻挡雨的到来？深深的叹息，在冷寂的空气里响起。

果然，天一黑，雨就迫不及待了。雨线一条紧撵着一条，雨点一个紧跟着一个，噼噼啪啪、叮叮当当地打着屋顶，然后，汇聚，渗透，洇湿，变成新的雨点，一滴一滴地从屋顶落到地下来。

雨点透过破败的茅屋顶落在地上，落在床上，也落在一颗悲苦的心上。落啊落，下啊下，雨脚如麻丝一般，也似杜甫内心的愁苦一般，一夜未断。一夜都未断啊！

把所有的桶用上，把所有的盆具拿来，可怎么能接住停不下来的雨，又怎么能阻止灾难的到来？雨侵占了地面，也侵占了床，床上没有一点儿地方是干的。布被又硬又冷、又潮又旧，似一张铁皮一般，失去了原有的柔和和温暖，就那样毫无表情地摊在床上，盖在杜甫的身上。何况，里子已不成里子，棉絮也已不是棉絮了，这都是小儿调皮的睡姿所带来的杰作啊！

身旁的小儿早已进入梦乡，天真而清澈的脸上无忧，亦无虑。杜甫躺在潮湿和冷寂里，一双眼睛，盯着屋顶，呆呆地出神，似乎什么都没想，但似乎又在想什么。把眼睛闭上，把思绪关上，用力地想要进入梦乡。

可完全没有用。记不清多少个夜晚都是这样了，强迫自己睡，却总也睡不着。有时睡觉比活着更累。安史之乱是这一切的罪魁祸首，它像一条毒蛇，悄悄潜入杜甫的梦，带着红红的信子和森然的毒性，那么霸道，那么蛮横。它更像是鬼影一样，遮住了杜甫生活里原本的光亮。

什么时候战乱才能平息？什么时候国家才能恢复往昔的繁华？什么时候天下百姓才能过上宁静祥和的生活？什

么时候才能没有人再流离失所？……种种思绪搅乱着杜甫这又一个清醒的深夜。

索性起床，披衣，下地，立在窗前。诗人思绪翻滚，心潮澎湃，对着沉沉的夜，大声高呼："安得广厦千万间，大庇天下寒士俱欢颜！风雨不动安如山。呜呼！何时眼前突兀见此屋，吾庐独破受冻死亦足！"

这声音透过雨帘，划破沉沉的夜，穿过安史之乱的硝烟，传得很远，很远……

卖炭翁

◎［唐］白居易

卖炭翁，伐薪烧炭南山中。
满面尘灰烟火色，两鬓苍苍十指黑。
卖炭得钱何所营？身上衣裳口中食。
可怜身上衣正单，心忧炭贱愿天寒。
夜来城外一尺雪，晓驾炭车辗冰辙。
牛困人饥日已高，市南门外泥中歇。
翩翩两骑来是谁？黄衣使者白衫儿。
手把文书口称敕，回车叱牛牵向北。
一车炭，千余斤，宫使驱将惜不得。
半匹红纱一丈绫，系向牛头充炭直。

一夜不停的大雪总算给了卖炭老翁一个安慰。天刚破晓，老翁就急急起来，看看装好的一车炭，整理好牛车，饭也顾不得吃就匆匆上路了。

雪是收住了脚，风却更加肆虐，卖炭翁身上单薄的衣服根本不是它的对手。风像饿狼，撕开衣服，一顿乱咬，他不禁打了个寒战，蜷缩在车上。虽然寒冷，但他还是希望这天能更冷一点儿，这样这车炭才能卖出更好的价格。天冷了，家里要添些厚衣服和粮食，一家老小的生活可都靠这车炭了。

老牛哼哧哼哧地喘息，大口地吐着白气。车轮碾在一尺厚的积雪上，发出咯吱咯吱的声响，艰难地挪动着，它的身后是两道明晃晃的已经结冰的车辙。

不知过了多久，风许是累了，终于停止了吼叫，太阳也升高了。正午的时候，终于到了集市。牛疲乏得再迈不开步了，卖炭翁自己也又困又饿，他只好把牛车停在市场门外泥泞的路旁歇歇脚。他实在太累了，倚在炭上，不一会儿就迷迷糊糊睡着了。

梦里他的炭卖了好价钱，他穿着新袄子，拉着刚买的粮食，赶着牛车，唱着山歌，在阳光的照耀下欢快地回家。苦涩的笑容像两朵刚落的雪花，在他黝黑的脸上灿烂绽开。

一阵哒哒的马蹄声从远处传来，他一个激灵，猛地醒了，坐直了身子，睁大了眼。

远远地走来两匹高头大马，马上坐着两个人，黄色衣服露着白色的内衬，长袍大褂，在阳光下直晃眼。两人耀武扬威、趾高气扬的样子，让地上的雪都暗淡了许多，那气势和排场，一看就是皇家的使者。

“老头！起来！起来！”其中一个刚走近就冲着卖炭翁大声地喊叫。卖炭翁听到叫声一震，赶紧翻身下车，恭敬地走上前去行礼。另一个已经下马，背着手，围着牛车转了一圈，用贼一样的眼睛上上下下打量着这车炭，还不住地颔首自语：“好炭！好炭！”卖炭翁听他们夸赞自己的炭，心里一阵窃喜。心想，这下好了！炭能卖个好价钱，刚才的美梦就要变成现实了，想到这里，他脸上的褶子也似乎平展了许多。

那个喊他的宫使忽然从袖子里掏出文书，双手扯着两边，猛一抖，然后，清了清嗓子，一字一顿，装腔作势地大声念了起来："吾等奉皇上之命前来买炭，命你即刻把炭运入皇宫。"

什么？这不明不白就要把炭拉走？卖炭翁心里咯噔一下，正要询问价钱，话还没出口，一扭头，就看到了令他气愤的场面。另一个宫使从他的马上取下半匹红纱和一丈绫，径直走到牛跟前，不由分说就把它们挂在了牛头上。

卖炭翁愣住了，半天才醒悟过来，一个箭步冲上去，拽住那个宫使的衣袖，苦苦哀求："大人，行行好！小人一家老小都等着这车炭过生活，怎么也要卖个好价钱！可……求求您了！"他哽咽着，脸上的褶子因痛苦而更明显了，黑垢也更清晰了。

"滚开！你不要不识抬举，看上你的炭，是你的福气！"更高的声音，更冷的呵斥，更蛮不讲理的话语，像冰雹一样向着卖炭翁砸来。

一千多斤炭，又是砍柴，又是烧制，多少个日日夜夜、多少的汗水、多少次的烟熏火燎、多少次的忍冻挨饿才能换来。一家老小的生活都指望它了！如今竹篮打水一场空！

一场空啊！

哭喊、哀求都已无用！饥饿、劳累、伤心再一次淹没了卖炭翁，在踉踉跄跄里，他精疲力竭，瘫软在地。宫使们牵着他的炭车，碾着他的伤口，向着皇宫驶去……又起风了，天空又飘起了雪花，天更冷了。

题破山寺后禅院

◎［唐］常建

清晨入古寺，初日照高林。
曲径通幽处，禅房花木深。
山光悦鸟性，潭影空人心。
万籁此都寂，但余钟磬音。

睡了一晚的太阳醒了，不急不缓地升起来，刚刚洗过的脸上泛着红晕。金色的光线，像它快乐的心情，不断地传递。它们来到了山林里，高耸入云的林木，就镀上了一层金色的光晕。树木沐浴着阳光，很是享受，用葱茏和翠绿，做着感激而热烈的回应。

林是山的衣服，此刻，整座虞山着绿披翠，涂红闪金，跟这个季节一样生机勃勃、楚楚动人。

破山寺从睡意中醒来，醒了的古寺也依旧安静。

寺庙被翠绿和阳光拥着，有烟雾袅袅升起，有香味徐徐飘着，似一些缥缈的佛音，同晨光缠绕在一起，又神秘又虚幻。破山寺，像佛一样在静谧里参禅，阳光缓缓洒下来，像佛光一样，明亮而又绚丽，慈祥而又柔和，柔和得似弥勒佛和善而友好的微笑。

常建是在清晨步入破山寺的，今日的破山寺将因他的到来，呈现出别样的风情。那个晨光映照的破山寺此时还不知道，自己将以一首诗歌的形式，被生动地记载在史册上。

竹林森森，叶儿翠翠，竹用顶天立地的耿直、秀颀挺拔的身姿和通透清澈的气韵，为寺院蜿蜒出一条小径，小径弯弯曲曲，像叙事诗里含蓄的情节，沿着人的猜想逶迤而去。常建沿着曲径走，一直走，是要走到它的深处吗？

终于看到了，那一片幽静之处，是禅房。

禅房，素洁而又清幽，简朴得如一件洗得发白的旧衣，散发着旧时光的味道。更像一位藏在深山里苦苦修行的僧人，风轻云淡，看不出悲喜，只用不动声色，来渲染一种既深沉却又动人心魄的宁静。

禅院里花木繁茂幽深，在晨曦里，欣欣向荣，闪着斑斓的光彩。香气像禅意一样，不由分说就向着刚刚进来的常建扑来，清香进入他的鼻翼、心里，浓烈而稠密。这莫非是僧人清冷寡淡的外表下，对生活和美的另一种追求？

他不由抬头望向天空。艳阳高照，天地生辉，几只小鸟欢愉活泼，叽叽喳喳，飞过之处，洒落一地的歌声，歌声啾啾，把禅院衬得像一块铺在地上的老粗布，平展展的，没有一点儿褶皱。

禅房前面是水潭，清澈得不染一点儿尘埃，明亮得似一面镜子，蓝天白云、竹林繁花，都在那里照着影儿。看到那洁净和透明，常建觉得自己就是长在水潭旁的一棵竹，在晨曦里婆娑。此刻，他卸下沉重的生活，掏空心，眼里什么都没有了，只有这晨曦禅院，只有这山光水色，只有这清潭倒影。

在这超凡脱俗、纯净怡悦之地，晨曦的干净、水的通透、禅院的幽静、佛门的空寂，他都静静地享受着，没有了喧嚣，没有了烦扰，佛就是一堵墙，寺院是不同于陶公的另一种世外桃源。他仿佛忘记了自己是谁，又来自哪里。

钟磬声传来，清冽冽，明亮亮，如天籁之音，从佛光里升起，悠扬而响亮，神秘而超脱。恍惚间，常建在这超然出尘的意境里，在一束佛光的牵引下，向着心中的佛门圣地走去……他把烦恼和烟火，都抛在了身后。

送友人

◎［唐］李白

青山横北郭，白水绕东城。
此地一为别，孤蓬万里征。
浮云游子意，落日故人情。
挥手自兹去，萧萧班马鸣。

马与马比肩，我与你结伴，不觉间，城已成了我们身后的背景。一条驿道曲曲弯弯，从我们脚下向着远处延伸，它将牵着你的脚步，也将牵着我的目光。

近处的城墙沉默不语，沧桑厚重里写满忧伤。远处的山峦，青翠葱茏，那些关不住的春意，在向着你我蔓延，恰似我们朝气蓬勃的友谊。波光粼粼的流水，绕着城东，向着远处缓缓流去，水声潺潺，是在替我述说心中的留恋，还是在替我表达美好的祝福?

空中无风，心中却已柳絮飞扬，雨纷纷，千言万语却不知从何说起，那就什么也不说吧，只默默地陪着你，牵着缰绳，缓缓走。

人无语，马无言，只默默向前，缓缓行。

驿道兀自延伸。一棵干枯的蓬草，静卧在地，许是残冬的遗留物，在生机勃勃里，显得憔悴疲惫，无精打采，一阵风来，它飘飘悠悠，被风牵着离去，单薄的身躯里，写满凄凉和不易。风要把它带到哪里呢?

我的兄啊，此次一别，你就像这眼前的蓬草一样，没了根，任凭风把你带到万里之外。万里之外，那个陌生的地方，可有肥沃的土地给你滋养？可有心有灵犀的知己听你倾诉?你记住，不论你在哪里，你都在我心里。不论你是否记得我，我都记着你。不论你悲伤抑或欢喜，我都在故乡默默为你祈祷或祝福。

海内存知已，天涯若比邻。只要心里装着彼此，又哪里在乎距离的远近?

我劝你时虽然看起来轻描淡写，但内心的忧伤和不舍其实无比浓烈，不比你少半分。相见时难别亦难，东风无力百花残，分别总是叫人依依不舍，也总是令人愁肠寸断。

一抬头，才发现时间已近黄昏。

天空在它的轨道上，跟着时间行走，行走成波澜不惊。云像棉絮一般，丝丝缕缕，清清淡淡，跟着风缓缓移动，那徘徊踟蹰里，都是留恋和不舍啊！我知道，此刻你跟它一样，是家乡的山山水水、往事的琐琐碎碎，在羁绊着你，挽留着你啊!

落日栖息在山头，正用深情而温柔的目光对万物进行爱的述说，迟迟不肯收起它的光芒，能照耀一会就一会，然后再落，这样，才安心。

家在哪里呢？你伸长脖颈回望，却已看不到一缕炊烟，你使劲睁大双眼，却已映照不出家的模样。家乡，就那样一点点地淡出视野，成为影子，被远远地甩在身后。身后，那个令人梦魂萦绕之地，那个替自己记录往昔细节之地，已成为册页。日后，自己只能在记忆里翻阅，在梦里与它重逢。

心里天崩地裂，泪水像决堤一般汹涌而下，你猛回头，攥住我的手，紧紧一握，头扭过去，眼睛并不看我，然后，哽咽着说保重，然后，跃身上马，扬鞭而去……

两匹马恍然醒悟，一匹昂起头向着另一匹嘶鸣，另一匹回过头来，深情地望着那匹，一样地相对长鸣，然后，一匹飞奔而去……我怔怔地站在那里，挥动的手定格于空中，然后，无力地垂下。

卜算子·黄州定慧院寓居作

◎［宋］苏轼

缺月挂疏桐，漏断人初静。
谁见幽人独往来，缥缈孤鸿影。
惊起却回头，有恨无人省。
拣尽寒枝不肯栖，寂寞沙洲冷。

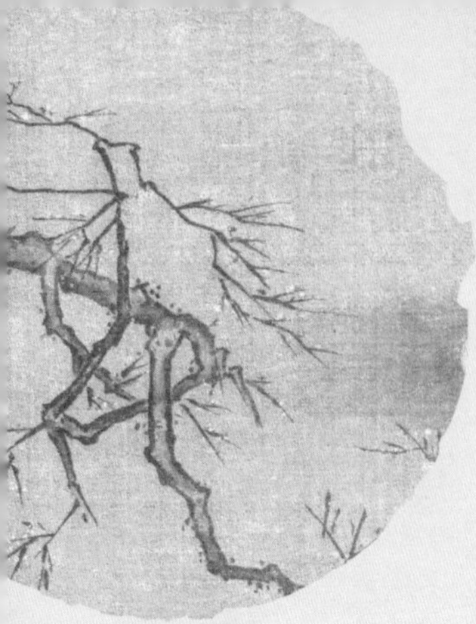

又是一个孤寂的夜晚。

天空像一首清冷的宋词，透着凉凉的风情。月儿弯弯，像刚刚磨好的一把镰刀，锃亮而闪光，森森然，透着冷。

梧桐树的叶子早已落尽，枝条稀稀疏疏，在空气里婆娑，三撇两捺地勾勒着季节的惨淡。漆黑的天空出奇地静，月儿倒也有情，用清辉在稀疏的枝杈间，制造意境。月亮、梧桐，到达苏轼眼里时，好似枯树上挂了一把明晃晃的镰刀。

计时的漏壶，已停止滴水，夜迈开步子，向着黑暗处走。四周一片寂静，只听到夜向深处走的声音、月光倾洒的声音，还有孤寂一点点漫上心头的声音。太静了，静把院子装得满满的。

大地沉睡，万物入梦。苏轼在寂静里，踩着如水的清辉、薄纱般的月影，在院子里走来，又走去，孤寂的身影，似一弯缺月，单薄而又突兀。孤独在寂静的底色上，饱满而又透亮，似石头一样，一下一下地敲击着他的心。

暗夜中，幽寂里，似乎传来一声两声的啼叫，苏轼一怔，眼睛随即追了过去，朦胧里，似乎有孤雁从空中飞过，那忽隐忽现的身影，似有却无，似无却有，然而，缥缈如雾，朦胧似云，总也看不真切，但那清冷孤单却又分外地明显。

有谁像自己一样，在更深人静之时，还在这样的月光下孤寂徘徊？恐怕只有这缥缈若仙的孤鸿吧！孤影、飞鸿，这两个毫不相干的词语，此刻，在苏轼的心里，瞬间重叠。

多想找一个能说话的人，多想找一个伴来同行。他环顾四周，回头寻觅，找到的只是更多的静谧和孤独，更多的暗淡充斥眼眸、更多的孤独袭上心头、更多的寒冷在浇灌自己，有谁能理解自己？知音难觅，孤苦难耐，情何以堪！

“唉——”寂静里，传来了他清冷的一声叹。

苏轼不由又望向夜空，试图找那孤影，可除了黑，还是黑。

突然，一阵急促的声音传来，朦胧中，却见一只鸿雁从高空里俯冲下来，似乎受到了惊吓，逃也似的飞下来，然后飞向梧桐树。

孤雁惊魂未定，带着慌张，却并不落在哪条枝、哪根杈上，似乎在挑拣哪条枝可以栖居，哪根杈可以休息，又或许是觉得每一根树枝都寒森森地不可靠近。所以，它只是在寒冷的树枝间逡巡、穿梭，这样飞了一会儿，又飞向另一棵梧桐树。

它孤单地绕着那棵梧桐树，又飞了一会儿，但终也没有停下来。

黑夜里，它携着一身高洁洒脱、孤傲不群的清高，向着远处飞去……

它是要飞到哪里呢？茫茫长夜它又要宿在何方？那会是一片寂寞荒凉、凄冷无边的沙洲么？

苏轼这样想着，不由向着它飞去的方向望过去，再望一望凄冷的残月，此时，它似一把镰刀，闪着寒光。他不由一阵冷，再摸心时，已是血淋淋一片……

卜算子·咏梅

◎［宋］陆游

驿外断桥边，寂寞开无主。
已是黄昏独自愁，更着风和雨。
无意苦争春，一任群芳妒。
零落成泥碾作尘，只有香如故。

四野茫茫，萧条冷落，一片荒凉。驿亭像一只因受伤而掉队的孤鸟，有气无力地张着翅膀。多年失修的断桥，伛偻而沧桑，携着千年的暮气。

一棵梅树站在荒凉的季节里，扎根于乱石碎土中，单薄、孤独，却也并不憔悴，只管静静地生长，默默地开放。那不动声色里，却也有超然尘寰的气质、不随波逐流的个性和一种无以言说的力量。

你看那花枝，努力地向上，向四周长着，并不妥协于季节。那酒樽一般的花朵，盛着幽深的酒酿。那艳丽的色，到底是经过历练了，有着中年人的稳重和内敛。那花蕊，火柴一样地排列，会让你想到如燃烧般的热烈。就连那香味，也不浓不烈，清淡却绵延不绝。

茫茫天地，一望无际里，就这么一株梅树，孤单地傲立着。如那高高的山巅上，独立的迎客松；也似白白的宣纸上，那醒目的泼墨。

这是一株野梅树！被撂在荒郊野外，破败不堪，凄凉焦苦，无依无靠，备受冷落。哪里比得了名园里的娇贵，更比不得府邸里的恩宠。无人护理，更无人欣赏，它只是默默地开，悄悄地落，谁又肯光顾它，谁又惦记它的生生死死呢？它是一株无主的梅，寂寞的梅，孤独的梅！

那又怎么样？总要在这严寒中活下来！

万木冻欲折，孤根暖独回。这就是梅花，临寒却以赤诚迎春，但又无意争春。你看百花，在春里，向暖阳，临春风，竞相怒放，争奇斗艳，抵死、拼命，用了力地争夺着春光，恨不能要把春光统统收藏，要把春天的生气一口吞下。可迎来春的梅，却悄悄躲在一边，冷眼看着这一场你死我活的争夺。

群芳百花，有嫉妒之心，就让它们嫉妒去吧！才不关自己的事，梅花始终秉持它的个性和格局，清绝刚烈，超凡脱俗，铮铮风骨，到哪里也不能丢，丢不了。

冬季的黄昏，光影暗淡，总是那样一副冰凉的面孔，总会让人想到汹涌的黑暗、澎湃的冷和漫漫长夜。那株本就单薄的梅树，被这凄清而冷漠的背景衬托着，更显得孤苦伶仃。

风是上天的怒言和发泄，上天要是发怒了，那可了不得。你听，风呼呼地叫着，像一头发怒的雄狮，空气里瞬间就有了浪涛，土被吹起，石被卷走。它们并不放过一株单薄而孤苦的梅树，面目狰狞地来到梅树跟前，又是击打，又是摧残，枝条随风舞动，花瓣阵阵落下。

雨是上天的眼泪，它们也纷纷加入了这场战斗，一滴，又一滴，被风带着，横扫着，啪啪啪，打在花瓣上。那些花瓣怎么能经受住风吹雨打？花瓣纷纷被吹落，落到地下。被雨雪打湿的花瓣叠在一起，抱起来，是在积攒力量吗？身体被摧残了，心就也会一起被击倒了吗？

风雨摧残后，梅花纷纷凋落，尽管带着对枝头的留恋，带着生的欲望，但在风雨面前它们终还是败下阵来。它们落于泥土，有的被蹂躏，有的被打湿，断枝折条，面目全非。它们被来往的驿马碾作尘，变成灰，样子好不凄凉。

但，那里总散发一股淡淡的香，绵延且不绝……